Klaus G. Förg

Traumreise durch THAILAND

Für Siriporn

Klaus G. Förg

Traumreise durch
THAILAND

Texte von Andreas Stoffers

rosenheimer

Tachilek
Mae Soi
Mae Salong
Thaton
Chiang Rai
Luang Prabang
Pai
Mae Hong Son
NORDTHAILAND
LAOS
VIETNAM
Doi Suthep
1676
Chiang Mai
Nan
Doi Inthanon
2590
N.P.
Lampang
Mekong
Mae Sariang
VIENTIANE
Nong Khai
Loei
Udon Thani
Nakhon Phanom
Phu Luang
N.P.
Phu Kradung
N.P.
Sukhothai
MYANMAR
Tak
Phitsanulok
Sakon Nakhon
Mae Sot
Mae Nam Ping
Phetchabun
Khon Kaen
NORDOST-
THAILAND
(ISAAN)
Roi Et
Nakhon Sawan
MENAM BECKEN
Phimai
Ubon Ratchathani
Lopburi
Nakhon Ratchasima
Surin
Saraburi
Khao Phra Viharn
N.P.
Ayutthaya
Khao Yai
N.P.
Kanchanaburi
BANGKOK
Thonburi
Ratchaburi
Chonburi
KAMBODSCHA
Pattaya
Bucht von Bangkok
Cha-am
Rayong
Chanthaburi
Hua Hin
Sattahip
Ko Samet
Pranburi
Trat
Khao Sam
Roi Yot N.P.
Mekong
Ko Chang
Prachuap Khiri Khan
PHNOM PENH

Saraburi
Ayutthaya
Khao Yai N.P.
Khao Phra Viharn N.P.
Kanchanaburi
Thonburi
BANGKOK
Ratchaburi
Chonburi
KAMBODSCHA
Bucht von Bangkok
Pattaya
Cha-am
Rayong
Chanthaburi
Hua Hin
Sattahip
Ko Samet
Trat
Pranburi
Khao Sam Roi Yot N.P.
Ko Chang
Prachuap Khiri Khan
PHNOM PENH
Golf von Thailand
Mekong
Chumphon
Ko Tao
VIETNAM
Ko Phangnga
SÜD
Ko Samui
Ko Surin
Surat Thani
Khao Sok N.P.
Ko Similan
Khao Lak
Nakhon Si Thammarat
Phangnga
THAILAND
Ao Phang Nga N.P.
Krabi
Ko Yao Yai
Phuket
Ko Phi Phi
Ko Lanta
Trang
100 km
Hat Yai
Yala
Narathiwat
MALAYSIA

Inhalt

Seite 1: Unzählige Lotosblüten verschönern alle Regionen von Thailand.
Seite 2: Der Königspalast in Bangkok leuchtet über den Chao Phraya herüber.
Links: Eine alte Reisbäuerin aus dem Isaan

Vorwort

Thailand gehört zu den schönsten Reiseländern der Welt. Dem Königreich einen Bildband zu widmen, zählt deshalb zu den privilegiertesten Unternehmungen für einen Fotografen. Das vorliegende Buch nimmt den Betrachter auf eine fotografische Traumreise mit – durch die große Vielfalt unterschiedlichster Landschaften.

Fünf Großlandschaften, auch als die »fünf Gesichter« Thailands bezeichnet, charakterisieren die Natur- und Kulturräume des Landes: Die pulsierende Megastadt Bangkok mit ihren Palästen, Tempeln und Märkten wird facettenreich abgebildet. Die fruchtbare Schwemmlandebene des Maenam Chao Phraya, »Mutter aller Flüsse«, mit alten Hauptstädten und Zentren reichen Kulturerbes entführt zu den historischen Wurzeln der Gegenwart. Die weiten Bergländer des Nordens mit ihren herrlichen Nationalparks und ihren von ethnischer Vielfalt geprägten Traditionen sowie der aufstrebende Nordosten des Landes werden reich illustriert beschrieben. Und die von langen Küsten, tropischen Stränden und Inseln sowie beeindruckenden Karstformationen gekennzeichneten südlichen Provinzen sind liebevoll in Bilder und Texte gefasst.

»Traumreise durch Thailand« lädt zum intensiven Betrachten der überaus reichen Natur- und Kulturlandschaften ein. Die wunderbaren Aufnahmen des begnadeten Fotografen Klaus G. Försg sowie die informativen Texte des langjährigen Thailand-Kenners Andreas Stoffers entführen unmittelbar in die einzigartige Vielfalt Thailands. Möge der Bildband zur weiteren Vertiefung der langen historischen Verbindungen zwischen Thailand und Deutschland beitragen!

Prof. Dr. Frauke Kraas,
Präsidentin der Deutsch-Thailändischen Gesellschaft

Einleitung

Nach sieben Jahren Arbeit an diesem Buch und 14 Reisen glaube ich, so viel gesehen und erlebt zu haben, dass ich das Wagnis eingehen kann, den Bildband über das faszinierende Land Thailand abzuschließen. Ein Wagnis deshalb, weil Thailand so vielfältig ist, so viele Facetten hat, so unglaublich reich an Kultur, aber auch an wunderbaren Landschaften ist, dass ein Reisender immer wieder Neues entdecken kann.

Mir ist ein ums andere Mal bewusst geworden, dass ich dem Königreich mit seiner jahrhundertealten Tradition nur behutsam näherkommen kann, es aber nie vollständig erfassen werde. Dazu ist die mitteleuropäische von der thailändischen Kultur einfach zu weit entfernt. So meint meine Frau Siriporn immer wieder schmunzelnd: »Du mit deinen vielen Büchern, die du liest. Du wirst uns nie verstehen!« Aber vielleicht soll ich das ja auch gar nicht, um das Geheimnisvolle, das einen Nichtasiaten, einen »Farang«, schon beim Betreten des Bangkoker Flughafens umfängt, zu bewahren. Siriporn hat mich behutsam durch ihr Heimatland geführt und meinen Blick vorsichtig auf so manches gelenkt, was mir vermutlich nicht aufgefallen wäre. Sie hat mir viele Türen geöffnet, damit ich Motive fotografieren kann, die mir sonst sicherlich kaum vor die Kamera gekommen wären.

Wenn Sie mich fragen, was ich Ihnen auf einer Reise nach Thailand besonders empfehle, scheitere ich bereits. Eigentlich alles! Die Königsstädte in der Nordhälfte des Landes mit den vielen alten Tempeln und den quirligen Märkten und Garküchen, in denen so vieles angeboten wird, was wir noch nie zuvor gesehen, geschweige denn genossen haben. Versuchen Sie die Gerichte dort einfach! Oder die Badeorte an den paradiesischen Traumstränden im Süden Thailands. In der tropischen Inselwelt mit dem türkisfarbenen, lauwarmen Wasser tummeln sich Millionen bunter Fische, die den Schwimmer, Schnorchler oder Taucher staunend betrachten. Nicht zu vergessen die riesige Metropole Bangkok mit ihren beeindruckenden buddhistischen Tempeln genauso wie den großen Einkaufstempeln, ihrer Ruhelosigkeit und Umtriebigkeit, ihrem schillernden Nachtleben und ihren hervorragenden Hotels, die dem Reisenden einen großartigen Komfort bieten. Den braucht man auch, denn Bangkok ist anstrengend. Die Tagestouren wollen gut geplant sein, damit Ihnen im heißen Smog nicht im wahrsten Sinne des Wortes die Luft ausgeht.

Und wenn Sie dann zurückkehren von Ihrer Reise ins geheimnisvoll-exotische Thailand mit einem Koffer voller Erlebnisse, werden Sie vermutlich gerade in den oftmals grauen und kalten Wintermonaten Mitteleuropas lange davon zehren. Und Sie werden aller Wahrscheinlichkeit nach bereits wieder eine Reise nach Thailand planen, denn es gibt ja noch so Vieles zu sehen und zu erleben. Also Vorsicht: Bei Reisen nach Thailand besteht Suchtgefahr!

Klaus G. Förg

Bangkok

Stadt der Engel

Der Flughafen Suvarnabhumi ist das Erste, das wohl die meisten Bangkok-Reisenden von der thailändischen Hauptstadt mitbekommen, sobald sie thailändischen Boden betreten. Dieser gigantisch große, hochmoderne Flughafen mit seinem beeindruckenden Duty-free-Shop ist eine vortreffliche Visitenkarte für das moderne Thailand. Bangkok versteht sich als Wirtschaftsmetropole und Touristenziel, als wahres Drehkreuz Südostasiens. Suvarnabhumi, 2006 noch unter dem ebenso charismatischen wie umstrittenen Premier Thaksin Shinawatra erbaut, ist in Stahlbeton und Glas gehauenes thailändisches Selbstbewusstsein. Beim Landeanflug fallen die vielen Gebäude, Straßen und Agrarflächen auf, die dem Meer abgetrotzt dort stehen, wo vor Jahrzehnten noch Wasser war. Der Großraum Bangkok expandiert immer weiter nach Süden.

Die Thailänder nennen Bangkok offiziell »Krung Thep«, was übersetzt »Stadt der Engel« heißt. Der vollständige Name der Stadt ist weitaus länger und umfasst 139 Buchstaben. Etwa drei Dutzend blumige, beinah poetische Worte kommen einer Liebeserklärung an die Stadt gleich. Nicht einmal alle Thais können den Namen fehlerfrei aufsagen. So bleiben sie pragmatisch, weswegen auf den Autokennzeichen in Thaischrift sinngemäß steht: »Krung Thep u.s.w.«. Doch auch der bei den Europäern bekannte Name »Bangkok« ist jedem Einheimischen geläufig.

Zu ihrem Ruhm kam die Stadt erst nach der 1767 erfolgten Zerstörung der alten Hauptstadt Ayutthaya durch die Birmanen. Der thailändische General Taksin gründete im Jahr 1772 in Thonburi, auf der gegenüberliegenden Seite des heutigen Stadtkerns, seine neue Hauptstadt. Von Thonburi aus gelang es ihm, die Birmanen zurückzuschlagen und das Reich wieder zu vereinen. Entmachtet wurde Taksin 1782 schließlich durch einen seiner Generäle, Chao Phraya Chakri, der die Hauptstadt auf die andere Seite des Flusses verlegte. Hier befand sich zuvor das kleine Fischerdorf Bangkok, was übersetzt das »Dorf der wilden Oliven« heißt. Der neue Machthaber wurde als König Rama I. der Begründer der Chakri-Dynastie, die bis heute den König stellt.

Bangkok hat sich seit seinen Gründungstagen stark gewandelt. Auf der Fahrt von Suvarnabhumi in Bangkoks Innenstadt zeigt Thailand, was es kann. Mehrspurige Autobahnen führen vorbei an Industrieanlagen, Moscheen, Tempeln und überdimensionalen Werbeplakaten, auf denen in der für Westler fremden Schrift Autos, Immobilien und Getränke beworben werden. Die beeindruckende Skyline Bangkoks rückt dabei immer näher. Mit dem Klischee vom traditionellen, exotischen Thailand hat dieser Eindruck wenig zu tun. Auf den ersten Blick erscheint die Hauptstadt des Königreichs wie eine der vielen anderen Metropolen Asiens. Erst beim näheren Hinsehen erkennt man das alte Bangkok, das dieser modernen Stadt ihre Besonderheit verleiht.

Auf den Schnellstraßen zeigt sich je nach Tageszeit ein Übel, das die Hauptstadt plagt: Die Stadt steht kurz vor dem Verkehrsinfarkt. Staus, besonders während der Rushhour, sorgen dafür, dass man in Bangkok immer eine Entschuldigung hat, wenn man zu spät kommt. Ein Faktor, der die Verkehrssituation begünstigt, sind Überschwemmungen, die gerade zur Regenzeit – Juli bis September – die Stadt heimsuchen. Hier rächen sich die dichte Bebauung und der wenig feste Untergrund. Insbesondere im Feierabendverkehr bekommt man den Umstand zu spüren, dass in dieser städtischen Agglomeration mit 14,5 Millionen Bewohnern fast 5,5 Millionen Autos zugelassen sind.

Als öffentliches Verkehrsmittel erster Wahl haben sich Metro (MRT) und Skytrain herausgestellt, die seit einigen Jahren in Betrieb sind. In den sauberen, immer stark unterkühlten Waggons gelangen Einheimische, Geschäftsleute und Touristen rasch von einem Ende der Stadt zum anderen. Auch der Flughafen ist an das Bahnnetz (Airport Rail Link) angeschlossen. In nur 15 Minuten kann man von Suvarnabhumi in die Gegend des Victory Monuments gelangen, um dort nahe eines gigantischen Duty-free-Shops auszusteigen. Bangkok – ein Mekka für Shopper!

Ein kühler Drink auf der Dachterrasse des Banyan Tree Hotel im Sonnenuntergang ist kaum zu toppen.

Dem Bangkok-Reisenden stehen eine Vielzahl von Hotels und Gasthäusern aller Kategorien zur Verfügung. Die hohe Konkurrenzdichte sorgt dafür, dass es immer ein freies Zimmer gibt. Der Luxus, der in Bangkoks Fünf-Sterne-Hotels herrscht, ist legendär. Das wohl bekannteste Hotel ist das Oriental, das schon seit etwa eineinhalb Jahrhunderten direkt am Ufer des Flusses Chao Phraya vielen bekannten Persönlichkeiten als Herberge dient. Im Authors Wing des Oriental wird noch heute der Glanz der vergangenen Epochen spürbar. Rudyard Kipling, Somerset Maugham und andere stiegen hier ab und ließen sich von dem Charme des Hotels und der Schwüle thailändischer Tropennächte inspirieren. Auf der Terrasse des Orientals kann man wie einst die Europäer der Kolonialzeit bei einem Singapore Sling und Nüssen, mit Blick auf die untergehende Sonne über dem Chao Phraya und dem Tuckern der Boote den Tag stilvoll ausklingen lassen.

Bangkok, früher das »Venedig des Ostens« genannt, kann noch heute auf seinen Wasserstraßen erkundet werden, auch wenn viele seiner Kanäle, »Klongs« genannt, inzwischen zugeschüttet sind. Viele Anlegestellen befinden sich entlang des Chao Phrayas, der Lebensader Bangkoks. Vom Pier am Oriental Hotel fahren Expressboote stromauf- und stromabwärts. Diese Boote dienen Einheimischen wie Touristen als schnelle und preiswerte Taxis. Der Lärm an Bord ist ohrenbetäubend. Zur Rushhour herrscht – besonders zwischen den Haltestellen der Innenstadt – ein starkes Gedränge. Hat man jedoch einen Sitzplatz ergattert, entschädigt die Aussicht für alle Unannehmlichkeiten. Im Norden führen die Expressboote bis nach Nonthaburi, das eigentlich der Hauptort einer eigenen Provinz ist, aber inzwischen zum Bangkoker Stadtgebiet zählt. Wer möglichst schnell in die thailändische Welt eintauchen möchte, sollte bis zur Endstation fahren und aussteigen. Nur wenige hundert Meter vom Pier entfernt liegt Nonthaburis Wochenmarkt. Hier kann man einen unverfälschten Einblick vom geschäftigen Treiben eines thailändischen Marktes mit dem typischen Gedränge und all seinen Farben und Gerüchen gewinnen.

Auf dem Weg nach Nonthaburi zieht das Expressboot an vielen Sehenswürdigkeiten des alten Bangkok vorbei, die zur Unterbrechung der Reise einladen. Von der Anlegestelle Tha Thien gelangt man mit der Fähre ans gegenüberliegende Ufer, wo der Wat Arun, der »Tempel der Morgenröte«, beeindruckt. An dieser Stelle stand bereits zu Zeiten von Taksin ein alter Tempel, der in den ersten Jahren des 19. Jahrhunderts unter König Rama II. vergrößert und unter seinem Nachfolger fertiggestellt wurde. Den 79 Meter hohen, mit Porzellanscherben

bedeckten Mittelturm kann man auf steilen Stufen an vier Seiten erklimmen. Die Aussicht ist schön, doch viel atemberaubender ist der Blick auf den Tempel selbst, besonders vom gegenüberliegenden Ufer aus in der Abenddämmerung. Ebenfalls auf der Thonburi-Seite, etwas weiter weg vom Wat Arun, befinden sich die Königlichen Barken, die zu besonderen Anlässen feierlich geschmückt und von singenden Ruderern bewegt mit dem König an Bord den Fluss vom Großen Palast bis zum Wat Arun befuhren.

Nur eine Anlegestelle von Tha Tien entfernt liegt Tha Chang, nahe einer anderen großen Sehenswürdigkeit Bangkoks: dem Wat Pho. Dieser bereits im 17. Jahrhundert historisch belegte Tempel beheimatet eine 46 Meter lange und 15 Meter hohe vergoldete Statue eines liegenden Buddhas, die auf Besucher einen imposanten Eindruck macht. Direkt nördlich des Tempels schließt sich der Große Palast an, eines der markantesten Gebäude der Stadt. Am besten nähert man sich dem riesigen, 2,6 Quadratkilometer großen Komplex vom Sanam Luang, dem »Großen Platz«, der sich nördlich des Palastes befindet. Der Palast selbst besteht aus um drei Höfe gruppierten Anlagen und dem Areal des Wat Phra Kaeo, dem »Tempel des Smaragdbuddhas«, eines der wichtigsten Heiligtümer Thailands. Der Große Palast, an dem seit 1782 immer wieder gebaut und angebaut wurde, ist eines der wichtigsten Wahrzeichen der Stadt.

Skyline von Bangkok

Ganz in der Nähe, direkt am Fluss befindet sich die berühmte Thammasat-Universität, seit jeher ein Ort kritischen Denkens. 1973 und 1976 hatten hier die Proteste gegen die Militärregierung ein Zentrum. Nicht weit entfernt, am nordwestlichen Rand des Sanam Luang gelegen, liegt das Nationalmuseum, in dem viele Exponate Zeugnis der langen thailändischen Geschichte geben.

Nur wenige hundert Meter nördlich befindet sich das alte Zentrum der Rucksacktouristen, die Khao San Road. In den 1970er-Jahren stiegen hier noch Hippies und alternativ angehauchte Reisende ab, die eine billige Unterkunft suchten. Heute bietet die Straße den modernen Rucksacktouristen, die auf westliche Musik und ihr Müsli zum Frühstück nicht verzichten wollen, ein lautes, thai-international gemischtes »Traveller-Ambiente«.

Das moderne Bangkok erlebt man in der Gegend um die Sathorn und Silom Road. Hier haben viele Botschaften und Firmen ihren Sitz.

AIA

Call 02-610-3333
THE ADDRESS SATHORN
READY TO MOVE IN 2012
BANGKOK CHRISTIAN COLLEGE

Glänzende Fassaden geben einen Eindruck von dieser aufstrebenden Wirtschaftsmetropole wieder. Die ehemals sündige Meile um die Patpong Road ist beinah zu einer abendlichen Flaniermeile geworden, in der selbst Familien mit Kindern unterwegs sind, um sich T-Shirts und Souvenirs zu kaufen. Weiter nördlich erreicht man bequem mit dem Skytrain den Siam Square mit seinen Shopping Malls – allen voran das gigantische Siam Paragon, ein Mega-Einkaufszentrum, das in Deutschland seinesgleichen sucht.

Das alte Bangkok hingegen zeigt sich, wenn man beispielsweise abends in China Town, in der Gegend der Yaowarat Road unterwegs ist. Hier treten neben die thailändischen Buchstaben chinesische Schriftzeichen. Es gibt Schwalbennester und andere chinesische Leckereien zu kaufen. Auf den Straßen laden Garküchen zum Schlemmen ein. In China Town wird dem Reisenden bewusst, dass Bangkok auch chinesische Wurzeln hat. Nicht nur die Stadtgründer Taksin und die Könige der Chakri-Dynastie hatten neben thailändischen auch chinesische Vorfahren. Viele Chinesen, die über die Jahrhunderte einwanderten, fassten hier Fuß und vermischten sich mit der einheimischen Bevölkerung.

Bangkok ist eine Stadt der grenzenlosen Möglichkeiten. Neben den in Reiseführern oft abgelichteten Tempeln, wie Wat Saket, in dem früher die Toten verbrannt wurden, Wat Traimit, dem »Tempel des Goldenen Buddha«, Wat Benchamabophit, dem »Marmortempel«, und dem Wat Suthat, geben andere Sehenswürdigkeiten Zeugnis vom modernen Bangkok, wie das Gebäude der Nationalversammlung oder das Demokratie-Denkmal. Hinzu kommt ein Nachtleben, das über das Klischee der Bars und Massagesalons hinausgeht: Thaiboxen, traditionelle thailändische Massage, kulturelle Veranstaltungen, bombastische Bühnenshows, Kabaretts, Diskotheken und Dachterrassenbars, exquisite Restaurants, Brauhäuser, japanische Restaurants und thailändische Garküchen. Bangkok ist wahrlich eine Stadt, die niemals schläft, wenn man sich darauf einlässt.

Vorige Doppelseite: Hoch über den Dächern von Bangkok herrscht eine wunderbare Ruhe.
Rechts: Der Benjasiri Park ist eine kleine Oase im Zentrum Bangkoks.
Rechte Seite: Rushhour in der Silom Road am Rande des Lumphini Parks

Der Tempel Wat Phra Kaeo ist ein unbedingtes Muss in Bangkok.

Oben: Nicht versäumen sollte man im Wat Pho diese Galerie goldener Buddhas.
Links: Der riesige goldene, liegende Buddha im Tempel Wat Pho wurde sogar von Präsident Obama besucht.

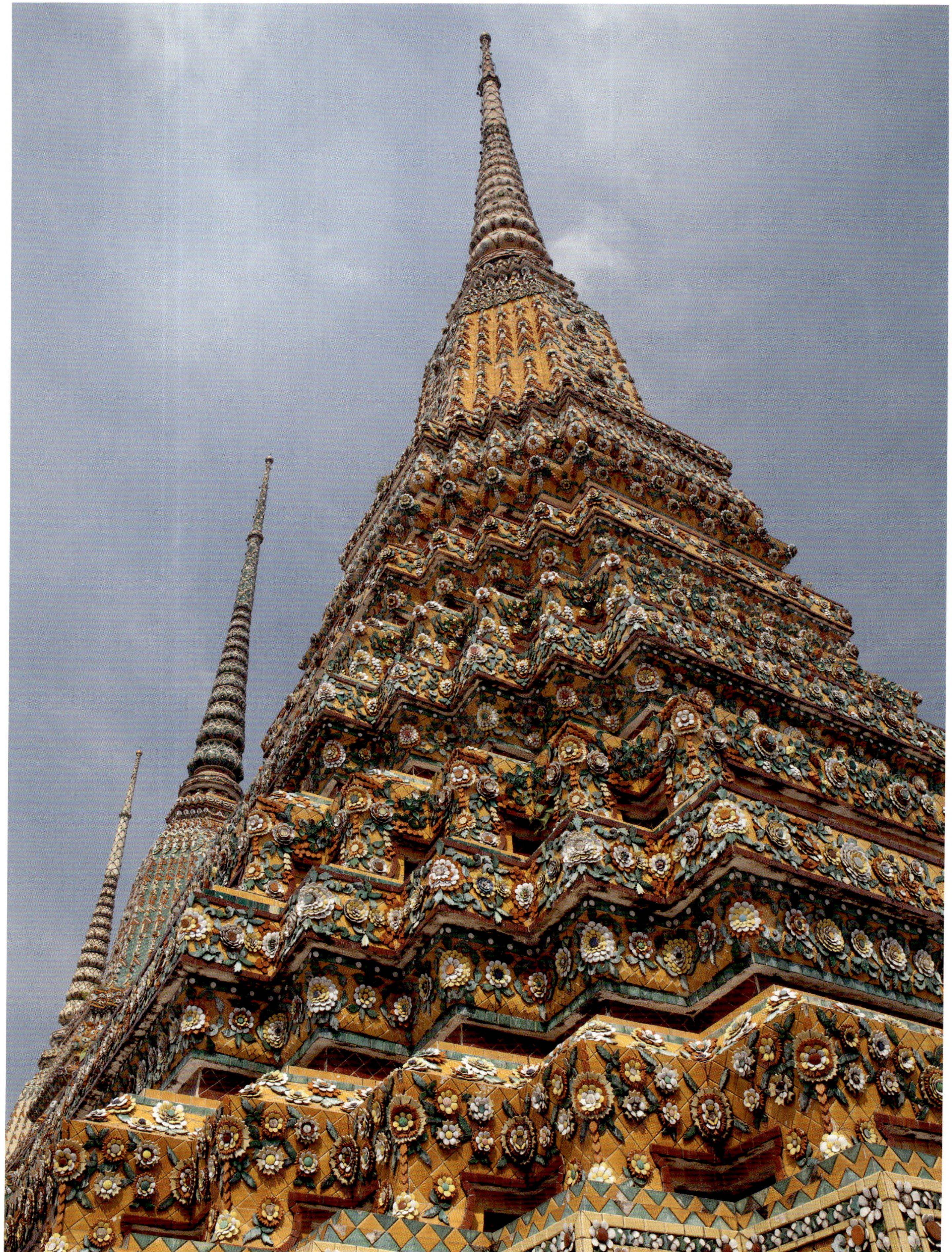

Der Tempel Wat Pho wurde außergewöhnlich filigran verziert.

กสท
CAT
กสท
CAT

Vorige Doppelseite: Der Chao Phraya ist eine gewaltige Wasserader, die quer durch Bangkok fließt.

Links oben und unten: Das Mandarin Oriental ist eines der berühmtesten Hotels der Welt.
Rechts: Von den Zimmern des Mandarin Oriental kann man den Chao Phraya überblicken, der im Morgengrauen noch ruhig dahinfließt.
Nächste Doppelseite: Im Tempel Wat Mahathat kann ein Einführungskurs in die Meditation belegt werden. Novizen lernen ihre Schulaufgaben, während Nonnen die lautlose Gehmeditation ausüben.

THE PENINSULA

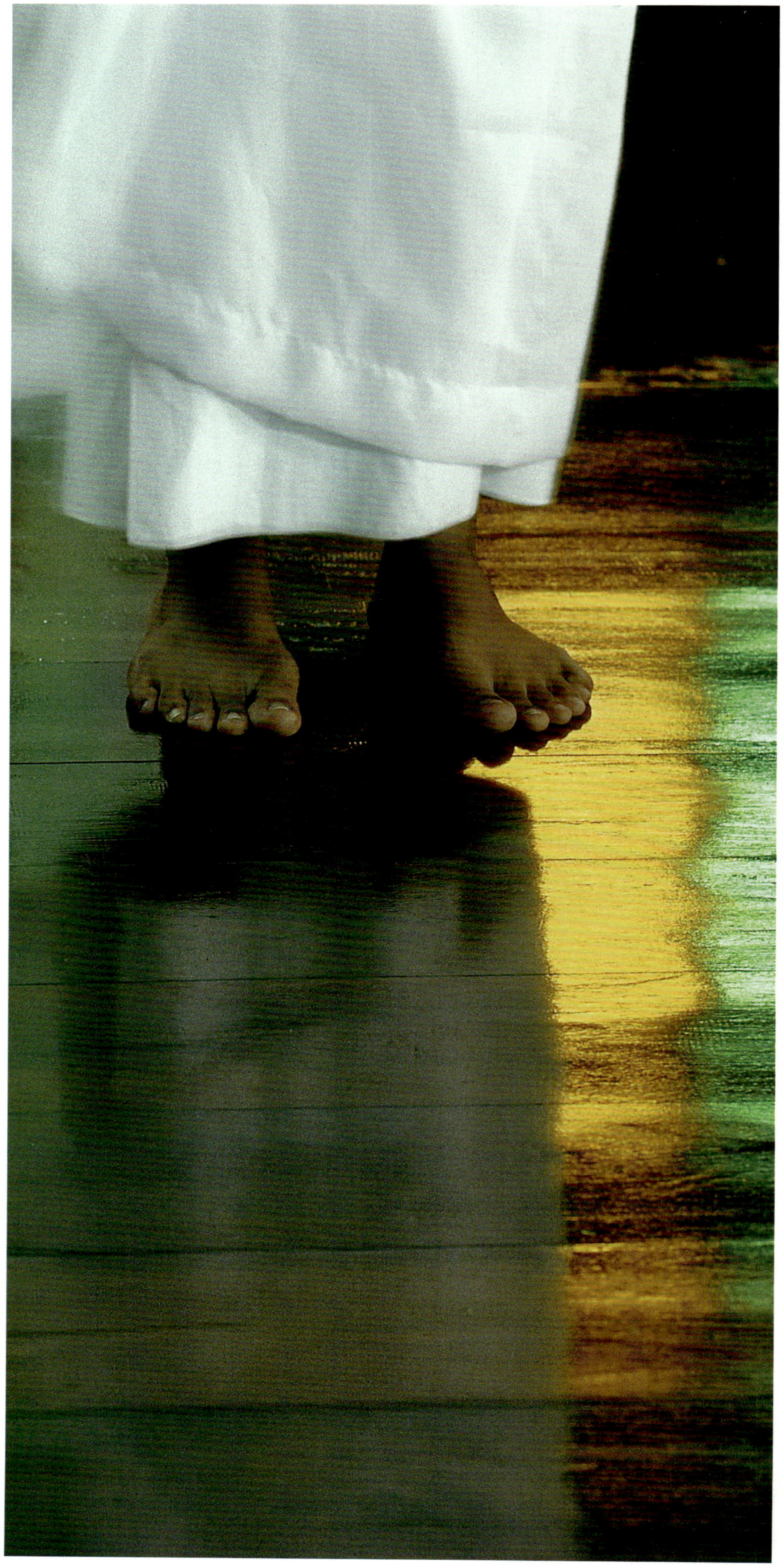

Chulalongkorn der Große

Der Vater des modernen Thailand

In der Geschichte Thailands nimmt König Chulalongkorn, der von 1868 bis 1910 als Rama V. regierte, eine herausragende Stellung ein. Er war es, der das Land modernisierte und dem Westen öffnete, gleichzeitig aber auch durch geschickte Politik und Diplomatie die Unabhängigkeit Thailands im Zeitalter des europäischen Kolonialismus bewahrte.

In der zweiten Hälfte des 19. Jahrhunderts stand der europäische Imperialismus in voller Blüte. Ein außereuropäisches Land nach dem anderen fiel in den Einflussbereich der Europäer. Einst mächtige Nachbarn wie Vietnam und Birma verloren ihre Unabhängigkeit. Thailand sah sich im Schnittpunkt britischer und französischer Interessen einer existenziellen Bedrohung ausgesetzt. Von Malaysia und Birma aus warf das Britische Empire seinen Blick auf das reiche Thailand, in Laos, Vietnam und Kambodscha rührte die Bedrohung vom »Empire Indochinoise« der Franzosen. Eine grundlegende Umgestaltung und Modernisierung von Staat und Gesellschaft waren unumgänglich, wollte Thailand seine Freiheit behalten. Thailands Verkehrsinfrastruktur war schlecht, Bangkoks Oberhoheit über die Provinzen nur nominell, Verwaltung und Militär waren marode, die Wirtschaft ineffizient. Für viele westliche Beobachter war es nur eine Frage der Zeit, bis das Land seine Unabhängigkeit gegenüber den übermächtig erscheinenden Europäern verlieren würde. Der alte Glanz und die große Macht Ayutthayas, vor der westliche Besucher noch ehrfürchtig gestaunt hatten, waren endgültig vorbei.

Die Notwendigkeit von Reformen hatte bereits Chulalongkorns Vater, König Mongkut (Rama IV., 1851–1868) erkannt. Mongkut war es zu verdanken, dass sich das Land wirtschaftlich dem Westen öffnete und Handelsverträge abschloss – zunächst 1855 mit den Briten und in den Folgejahren mit weiteren Ländern.

Die damalige Politik glich einem Spiel mit dem Feuer. König Chulalongkorn beherrschte dieses meisterhaft, indem er politisch geschickt französische gegen britische Interessen aufbrachte. Gleichzeitig erkannte er die Notwendigkeit, begrenzte territoriale Zugeständnisse zu machen. Das thailändische Kernland blieb jedoch erhalten, nicht zuletzt weil keine der beiden Kolonialmächte dem Gegner größere Zugeständnisse machen wollte. Hinzu kamen die wachsenden wirtschaftlichen Interessen anderer westlicher Länder, allen voran des Deutschen Reiches, das sich bis zum Ersten Weltkrieg zu einem der wichtigsten Handelspartner Thailands entwickelte und sich als solcher für die Unabhängigkeit des Landes vehement einsetzte.

In diese Politik fielen Entsendungen deutscher Spezialisten durch hohe Regierungskreise, denen – besonders aufgrund wirtschaftlicher Überlegungen – am Erfolg der Reformen Chulalongkorns und letztlich der thailändischen Souveränität sehr stark gelegen war. Die Deut-

König Chulalongkorn mit seinem Sohn Prinz Mahidol im Jahr 1907

Geburtstagsfeier König Chulalongkorns in Deutschland (1907)

schen machten sich vor allem im Bereich des Eisenbahnbaus, des Post- und Telegrafiewesens, im Gesundheitswesen sowie beim Aufbau der Staatsbibliothek verdient. Bis zum Ersten Weltkrieg waren, unter maßgeblicher deutscher Beteiligung, die Bahnschienen im Norden fast bis Chiang Mai und im Süden bis Songkhla vorgedrungen, das Land hatte eine funktionierende Postverwaltung nach deutschem Vorbild, das moderne Chulalongkorn-Krankenhaus war errichtet und die Nationalbibliothek geschaffen.

Bei diesen tiefgreifenden Reformen bediente sich Chulalongkorn neben den Deutschen eines großen ausländischen Expertenstabes – 1904 standen insgesamt 207 ausländische Berater in thailändischen Diensten. Geschickt nutzte Chulalongkorn die Zusammensetzung aus verschiedenen Nationen aus, um nicht einer einzigen zu viel Macht zu gewähren. Die Regierungen der jeweiligen Länder entsandten Berater nach Thailand, mit der Erwartung, dadurch Einfluss auf Thailand und Bestellungen für die heimische Wirtschaft zu erhalten.

Als Chulalongkorn in den Jahren 1897 und danach 1907 zu Reisen nach Europa aufbrach, wurde er von Regierungen, Monarchen und der Bevölkerung begeistert empfangen. Die wachsende Anerkennung, derer sich Chulalongkorn in Europa erfreute, waren ein Hinweis darauf, wie sehr man auch im Westen den Erfolg der Reformen in Thailand würdigte. In den ersten Jahren seiner Regierung wäre diese Reise wohl kaum denkbar gewesen. Nun hingegen begegnete man dem fernöstlichen Herrscher auf Augenhöhe. Heute würde man diese Reisen als eine gelungene PR-Aktion bezeichnen.

Nach dem Ersten Weltkrieg war die Bedrohung der thailändischen Unabhängigkeit durch europäische Kolonialmächte endgültig vorbei. Thailand, welches sich recht spät, im Jahr 1917, auf die Seite der späteren Sieger geschlagen hatte, saß in Versailles mit an deren Tisch. Das selbstbewusste Land hatte sich nach innen und außen so gefestigt, dass die kriegsgeschwächten Briten und Franzosen keine Expansionspläne mehr hegen konnten.

Das Besondere an den thailändischen Umwälzungen war, dass die Idee dazu von oben ausging. Der König selbst und einige Initiatoren aus dessen unmittelbarer Umgebung waren Triebfeder dieser Veränderungen. Zu Recht sehen viele Thailänder in König Chulalongkorn einen der größten Helden ihrer Geschichte und den Vater des modernen Thailands. Noch heute begegnen wir dem Abbild des Monarchen in vielen thailändischen Häusern, auf Münzen, Briefmarken und Amuletten.

Oben: Vimanmek Mansion, die frühere königliche Residenz, ist weltweit das größte ausschließlich aus Teakholz gefertigte Gebäude.
Rechts: Das ehemalige Wohnhaus des Seidenhändlers Jim Thompson ist ein Ruhepol inmitten der Hektik Bangkoks.

Oben: Der Erawan Shrine im Zentrum Bangkoks wird täglich von vielen Gläubigen besucht.
Rechts: Tempeltänzerin im Erawan Shrine

Weihnachtsstimmung im Zentrum Bangkoks: in der Ratchadamri Road, im deutschen Restaurant »Bei Otto« und beim Siam Paragon

Der Lumphini Park dient vielen Bangkokern zur Erholung.
Rechte Seite: Unglaublich, aber wahr: ein Golfplatz mitten in Bangkok. Zu bewundern bei der BTS-Station Ratchadamri

Oben: Auch wenn sich die Nacht langsam über Bangkok legt, enden die Staus auf den Hauptstraßen nicht.
Rechts: Diese imposante Brücke ist König Rama VIII. gewidmet.

Die Vielfalt Bangkoks ist schier grenzenlos: Restaurant des Hotels Banyan Tree, Tuk-Tuk-Fahrer, Weltkongresse

ROTARY
INTERNATIONAL

Links: Ein besuchenswertes Museum ist den Königlichen Barken gewidmet.
Rechts: Der Wat Arun ist ein beliebtes Hintergrundbild für Hochzeitsfotos.

Das Menambecken

Lebensquelle Thailands

Eine Thailand-Reise beginnt meist in der Stadt Bangkok, dieser geschäftig-pulsierenden und schillernden Metropole Thailands. Der Großteil der Reisenden kommt hier an, wenn sie in dieses Land fliegen und verbinden Thailand daher oft mit Bangkok. Doch zum Verständnis von Seele, Kultur und Geschichte des Landes hilft es, die Stadt entlang des Menam Chao Phraya nach Norden zu verlassen. Die Zentralebene des Menambeckens – Menam heißt übersetzt »Fluss«, wörtlich »Mutter des Wassers« – ist das fruchtbare Herz des Landes. Hier siedelten schon vor vielen Jahrhunderten die ersten thailändischen Stämme, nachdem sie ihre Heimat im südlichen China verlassen hatten und dem Lauf der Flüsse nach Süden gefolgt waren. Hier entstanden die ersten thailändischen Königreiche von Sukhothai und Ayutthaya. Die Fahrt auf dem Chao Phraya Richtung Norden ist eine Reise in die wechselvolle Vergangenheit des Landes.

Noch heute beeindruckt die Zentralebene den Besucher mit ihrer Fruchtbarkeit. Gegen Ende der großen Trockenzeit beginnen die Bauern, früher nur mit Wasserbüffeln, heute immer mehr mit Maschinen, den Boden zu pflügen. Mit dem einsetzenden Regen erstrahlen ab Juni die Reisfelder in sattestem Grün und geben einen Eindruck von der großen Fruchtbarkeit dieses Landstrichs. Die Bevölkerung hat es deshalb einfacher als die Bewohner des bergigen Nordens oder des trockenen und unfruchtbaren Nordostens. Mit der endenden Regenzeit im Oktober tauchen die Felder in ein goldenes Braun. Die Erntezeit beginnt. Überall auf den Feldern des Menambeckens herrscht nun große Umtriebigkeit, um die reiche Reisernte einzuholen. Ganze Dörfer und Großfamilien arbeiten zusammen und kommen erst zur Ruhe, wenn die ganze Ernte eingebracht ist. Die Zentralebene ernährt das Land. So war es früher, und so ist es auch jetzt.

Von Bangkok aus lohnt sich ein Abstecher nach Westen in Richtung Ratchaburi zu den schwimmenden Märkten von Damnoen Saduak. Der farbenprächtige Markt ist mit seinen vielen Waren, die auf Booten feilgeboten werden, noch immer ein zentraler Handelsplatz für die Bevölkerung. Auch viele Touristen lassen sich dieses malerische Schauspiel nicht entgehen.

In der Nähe befindet sich Kanchanaburi, wo die aus einem Film bekannte River Kwai-Brücke liegt. Sie war Teil einer Eisenbahnline nach Birma, die von Zwangsarbeitern und alliierten Kriegsgefangenen unter unsäglichen Strapazen erbaut wurde und viele Opfer gefordert hat. Die Brücke ist nicht die einzige Attraktion dieser Gegend. Nördlich und westlich von Kanchanaburi befinden sich unzählige Höhlen und Wasserfälle, darunter die beeindruckenden Erawan-, Kao Pang- und Sai Yok-Wasserfälle.

Nach dieser Exkursion in den Westen geht die Reise wieder zurück an den Chao Phraya. Flussaufwärts, noch vor der alten Hauptstadt Ayutthaya gelegen, befindet sich Bang Pa In mit seinem Ensemble von Palästen und Pavillons. Schon im 17. Jahrhundert suchten die thailändischen Könige hier Kühlung und Entspannung während der heißen Jahreszeit. Die meisten Gebäude stammen jedoch aus dem 19. und frühen 20. Jahrhundert und vereinen neben klassischen thailändischen Charakteristika viele europäische Architekturelemente zu einem faszinierenden Gesamtkunstwerk.

Ein wenig weiter nördlich findet sich an beiden Seiten des Flussufers das Provinzstädtchen Ayutthaya. Kommt man aus Bangkok, ist es schwer vorstellbar, dass diese kleine Stadt einst eine der wichtigsten Metropolen Südostasiens war, von der europäische Reisende des 17. Jahrhunderts schwärmten. Über 400 Jahre, von 1351 bis zu seiner Zerstörung durch die Birmanen im Jahr 1767 war Ayutthaya das mächtige Zentrum des thailändischen Königreiches. Bei der Stadt trafen sich drei Flüsse – sie lag damit an einer strategisch wichtigen Stelle. Durch einen Kanal wurde damals ein Ring aus Wasser geschlossen, so dass das Zentrum der Stadt einen Inselcharakter erhielt und leichter zu verteidigen war. Heute kann man die Stadt mit einem Boot bequem umrunden und zwischendurch an dem einen oder anderen Relikt aus alter Zeit aussteigen. Noch immer zeugen die vielen Ruinen und

Das Wasserfest »Loi Krathong« erlebt man in Sukhothai am beeindruckendsten.

Woran der kleine Novize wohl denkt?

teilweise wiedererrichteten Tempel und Paläste von vergangener Größe und einstigem Ruhm der Stadt. Die bekannteste Tempelruine ist sicherlich der Wat Wattanaram mit seinem auf einem Podest sitzenden Buddha, der gewissermaßen mahnend vor den Ruinen und den vielen Reihen kopfloser kleiner Buddhastatuen Wache hält. Egal ob man die ältesten Tempel der Stadt, die im 14. Jahrhundert erbauten Wat Phra Ram und Wat Phanan Choeng, besichtigt, in den wenigen Überresten des völlig zerstörten Königspalastes Wang Luang spazieren geht, die drei Chedis des Wat Phra Sri Sanphet bewundert oder sich auf den Weg zum etwas abgelegenen Wat Konthi Thong und dem durch König Mongkut im 19. Jahrhundert wiederaufgebauten Chandra Kasem Palast macht – überall beeindruckt die Mischung aus liebevoll restaurierten Bauwerken und verwunschen wirkenden Ruinenfeldern.

Nördlich von Ayutthaya befindet sich die alte Khmer-Metropole Lopburi. Lopburi war schon vor 1500 Jahren eine große Stadt und lag innerhalb des damals weite Teile Südostasiens beherrschenden Reiches der Khmer. Im 11. und 12. Jahrhundert, der Glanzzeit der Khmer-Könige, war Lopburi eine der Provinzhauptstädte des Reiches. Von dieser Epoche sowie der Vor-Khmer-Zeit zeugen heute einige Relikte, darunter der Phra Prang Sam Yod Schrein sowie der Prang Khaek, ein hinduistischer Turm. Weitaus mehr Bauwerke entstammen der thailändischen Periode, darunter die noch immer imposanten Mauern des früheren Narai Raja Niwet Palastes oder der Dusit Maha Prasat Halle, in der König Narai von Ayutthaya im Jahr 1685 den Gesandten des französischen Königs Ludwig XIV. empfangen hatte.

Auf der Weiterreise stromaufwärts führt der Weg an vielen Orten vorbei nach Phitsanulok, einer Stadt, deren historische Strahlkraft ein halbes Jahrtausend zurückreicht. Durch ein Feuer zerstört, sind heute nicht mehr viele Relikte aus der alten Zeit vorhanden. Beeindruckend ist noch immer der ehrwürdige Wat Mahathat, der eine alte sitzende Buddhastatue im Sukhothai-Stil beherbergt. Dieser Buddha ist seit Jahrhunderten ein wichtiges Ziel thailändischer Pilger.

Von Phitsanulok ist es nicht weit nach Sukhothai. Wer diese etwas verschlafene Kleinstadt besucht, kann auf den ersten Blick nicht ermessen, dass diese Stadt als die Wiege der thailändischen Zivilisation gilt. Denn in der Zeit des Königreiches von Sukhothai (ca. 1250–1350) entstanden die Grundlagen des heutigen Thailands, darunter die eigene, von keiner anderen Nation der Welt geteilte Schrift.

Außerhalb der neuen finden sich die Ruinen der alten Stadt, die man durch das Tor der »zerbrochenen Mauer«, »Kamphaeng Hak«, betritt. Die Stadt Sukhothai selbst folgte dem rechteckigen, streng geordneten Muster einer Mandala-Stadt, die mit ihrer Gliederung ein Abbild kosmischer Ordnung zu schaffen versucht. Jedes Gebäude und Privathaus, die Stadtmauer sowie jeder Tempel hatten hier eine kosmologische Bedeutung. Mit einer durch drei Stadtmauern und zwei Gräben umschlossenen Grundfläche von ca. 1,4 × 1,8 Kilometer muss Sukhothai damals auf Besucher einen gewaltigen Eindruck gemacht haben.

Der Reichtum Sukhothais beruhte zum einen auf der Landwirtschaft, die in der eher trockenen Gegend um die Stadt vor allem auf einem ausgeklügelten Bewässerungssystem beruhte, welches von den Khmer übernommen worden war. Zum anderen florierte der Handel, da Sukhothai im Schnittpunkt der Handelsrouten von Südchina zum heutigen Golf von Siam und von Birma in das Mekong-Becken lag. Geschickte Herrscher nutzten dies und trugen so zur Mehrung des Wohlstandes des Reiches und seiner Bewohner bei. Diesem Reichtum sowie der Größe seiner Könige sind auch die vielen Kunstwerke zu verdanken, die aus der Sukhothai-Periode stammen und einen Eindruck von der Pracht und kulturellen Kraft des Königreiches geben, welches Elemente der hinduistischen Khmer-Kultur mit thailändisch-buddhistischen Motiven vereinte.

Die Ruinen von etwa 20 Tempeln innerhalb der Stadtmauern zeugen noch heute von der einstigen Pracht der Stadt. Die alten Gemäuer üben insbesondere in der Morgen- und Abenddämmerung einen ganz speziellen Charme auf die Besucher aus. Es ist ein unglaubliches Gefühl, wenn man unter dem Tropenhimmel und dem Zirpen der Zikaden einen Sonnenuntergang über den Ruinen betrachtet. Bei Einheimischen und Touristen erfreut sich Sukhothai gleichermaßen großer Beliebtheit.

Ein ganz besonders bewegendes Ereignis ist das Loi Krathong, das »Lichterfest«. In der Vollmondnacht des zwölften Monats des traditionellen Mondkalenders (meist im November) werden Tausende kleine lotosförmige, geschmückte und von Kerzen beleuchtete Boote auf den Flüssen und Gewässern des Landes von Thais freigesetzt. Dies vor der Kulisse des alten Sukhothai erleben zu können, ist einzigartig. Mit diesen eindrucksvollen Bildern verlassen wir das Menambecken, das Herz und die Lebensquelle Thailands.

Eine Tanzgruppe aus Schülerinnen, die den Rahmen zu einem religiösen Fest bilden.

Eine Bootsfahrt auf dem schwimmenden Markt in Ratchaburi sollte man sich nicht entgehen lassen.

ธนาคารไทยพาณิชย์

Oben: Der gleichnamige Film aus den 1950er-Jahren hat die Brücke am Kwai berühmt gemacht.
Rechts: Siesta für die kleine Miezekatze des Tigertempels in Kanchanaburi

Oben: Auch die Tempelruinen in Ayutthaya müssen regelmäßig gereinigt werden.
Rechts: Dieser in einen Baum eingewachsene Buddhakopf stammt aus Ayutthaya.
Nächste Doppelseite: Tempelanlage der alten Königsstadt Ayutthaya

Oben: Die Köpfe der Buddhastatuen wurden in kriegerischen Auseinandersetzungen mit den Burmesen abgeschlagen.
Rechts und rechte Seite: Zufrieden und glücklich, aber auch stolz sind die Blicke der Reisbäuerin und des Hirten, der seine Kühe inmitten der historischen Tempel weidet.

Engelbert Kaempfer

Ein Deutscher am Hofe von Ayutthaya

»Das Königreich Siam ist das mächtigste und der dortige Hof der prächtigste unter allen schwarzen Nationen in ganz Asien«, schrieb Engelbert Kaempfer voller Bewunderung in seinem 1712 erschienenen und in viele europäische Sprachen übersetzten Buch »Amoenitatum Exoticarum« über seine Reiseerlebnisse in Asien. Kaempfers Beobachtungen, Erfahrungen und Bewertungen prägten für viele Jahrzehnte das Bild, das man in Deutschland von Thailand hatte. Kaempfer war einer der ersten Deutschen, die im 17. Jahrhundert nach Thailand kamen. Damals vermochte Deutschland, das noch immer an den Folgen des Dreißigjährigen Krieges litt und in viele Länder und Territorien zersplittert war, keinesfalls an eigene Kontakte nach Fernost zu denken. So konnten Deutsche lediglich in Diensten fremder Mächte und Handelskompanien den Weg nach Ostasien wagen und an Bord niederländischer, portugiesischer, englischer oder französischer Schiffe nach Thailand gelangen.

Engelbert Kaempfer war ein sehr gebildeter Mann. Der Sohn eines Predigers wurde 1651 in Lemgo geboren und studierte an den Universitäten von Lübeck, Danzig, Thorn, Krakau, Königsberg und Uppsala die Fächer Philologie, Philosophie, Geschichte und Medizin. Schon als junger Mann unternahm er mehrere Reisen ins europäische Ausland, darunter an den Hof des schwedischen Königs Karl XI. Schweden, welches damals eine europäische Großmacht war, schickte 1683 eine eigene Handelsmission nach Persien. Dieser Mission schloss sich der 32-jährige Engelbert an. In Persien angekommen, trat der abenteuerlustige Deutsche in die Dienste der Niederländischen Ostindienkompanie, um weiter nach Osten zu segeln. Er erreichte 1688 Batavia, das heutige Jakarta.

Zu dieser Zeit führte ihn sein Weg mit der Kompanie auch nach Thailand. Er hielt sich längere Zeit in Ayutthaya auf, einer Großstadt mit etwa 200.000 Einwohnern, die in ihrer Pracht die meisten europäischen Städte, die Kaempfer kannte, in den Schatten stellte. In diesem Wirtschaftszentrum waren viele ausländische Mächte mit eigenen Handelskontoren vertreten. Perser, Chinesen, Japaner, Niederländer, Briten und Portugiesen trieben hier Handel. In der ganzen Stadt, die damals nicht weit entfernt vom Meer war, herrschte ein geschäftiges, internationales Flair.

Voller Bewunderung über die Schönheit Ayutthayas und die Stärke des südostasiatischen Königreiches schreibt Kämpfer: »Nach den königlichen Palästen verdienen nun auch noch einige Kirchen und Schulgebäude bemerkt zu werden. Es giebt derselben eine große Menge, und wie das ganze Land mit Pfaffen und Mönchen ganz angefüllt ist, so sieht man auch in dieser Stadt an allen Orten Tempel, deren Höfe zierlich mit den Gassen in gleicher Ordnung stehen, und mit verguldeten Piramiden oder Säulen von verschiedener Form besetzt sind. Sie sind nicht so gros wie unsere Kirchen, aber an äußerer Schönheit gehen sie ihnen weit vor.«

Zu jener Zeit hätte ein arrogantes und herablassendes Verhalten den Europäern auch nicht zu Gesicht gestanden. Sie waren als Handel treibende Macht nur wenig bedeutend. In der zweiten Hälfte des 17. Jahrhunderts wuchs indes der Einfluss der Franzosen am Hof König Narais von Ayutthaya (1656–1688). Gesandtschaften zwischen Siam und dem Hof des Sonnenkönigs Ludwig XIV. wurden ausgetauscht, die wirtschaftlichen und politischen Beziehungen ausgebaut. Französische Jesuiten erhielten die Erlaubnis, eine eigene Gemeinde in Ayutthaya zu gründen. Vergeblich blieben allerdings ihre Bemühungen, Narai zum Christentum zu bekehren. Zu stark war der Buddhismus bei Herrscher und Bevölkerung verwurzelt.

Unterstützung fanden die Franzosen bei ihrem Ringen um Einfluss durch den Griechen Constantine Phaulkon. Dieser Abenteurer hatte es geschafft, sich durch Sprachtalent, Geschick und List vom Schiffsjungen eines britischen Handelsschiffes bis in die höchsten Ministerränge des Königreiches von Ayutthaya hochzuarbeiten. Die wachsende Bedeutung eines Fremden für den thailändischen König sowie der steigende Einfluss einer einzelnen europäischen Macht, ließen in Palast und Aristokratie Unbehagen und Widerstand wachsen. Vor diesem Hintergrund wird verständlich, warum nach dem Tod von König Narai 1688 die neuen thailändischen Machthaber den unliebsamen Griechen und die Franzosen abstießen. Für ein Jahrhundert schottete sich das Land gegenüber Europa weitgehend ab. Nur Nie-

Die Ruinen Ayutthayas, französisches Foto aus dem Jahr 1932

derländern und Portugiesen war die Aufrechterhaltung einiger spärlicher Handelsbeziehungen erlaubt. So konnte Engelbert Kaempfer nur noch über die Ruinen der ehemaligen französischen Bauwerke berichten, als er den Chao Phraya flussaufwärts fuhr.

Der beispiellose Aufstieg des Königreiches von Ayutthaya begann schon 300 Jahre zuvor, im 14. Jahrhundert, als der Glanz des alten Königreichs von Sukhothai bereits verblasst war. Die Hauptstadt des 1350 neu gegründeten Königreiches wurde 1375 nach Ayutthaya verlegt. In der thailändischen Geschichte nahm damit eine neue Epoche ihren Anfang, die erst 1767 mit der Zerstörung Ayutthayas durch den birmanischen Erzfeind endete. In den dazwischenliegenden 400 Jahren entwickelte sich die thailändische Hauptstadt zu einem prächtigen politischen und wirtschaftlichen Machtzentrum Südostasiens, mit einer weit über seine Grenzen hinausgehenden Strahlkraft. Ayutthaya trat das Erbe des untergehenden Khmer-Reiches an. Kambodschanisch-hinduistische Kulturelemente verschmolzen mit thailändischen gesellschaftlichen Vorstellungen und dem Theravada-Buddhismus. Die Gesellschaft war stark hierarchisch aufgebaut und beruhte auf einem System, das jedem Einwohner einen festen Platz in der Gesellschaft gab. Dieses wurde »Sakdina-System« genannt, was übersetzt »Macht über Reisfelder« bedeutet. Jedem Einwohner wurde dabei ein Zahlenwert zugewiesen, der vom Wert fünf für Sklaven über 50.000 für Minister bis zum König reichte, der einen unbegrenzten Wert hatte.

In Ayutthaya bildete sich eine spezifisch thailändische Kultur heraus, die noch heute fester und sinnstiftender Bestandteil des nationalen Selbstverständnisses ist. Die fast vollständige Zerstörung Ayutthayas durch die Birmanen stellt deshalb noch heute einen tiefen Einschnitt im Geschichtsverständnis der Thailänder dar. Als die neue Hauptstadt Bangkok errichtet wurde, griffen die neuen Könige der Chakri-Dynastie bewusst auf das Erbe Ayutthayas zurück.

Wer heute durch die Ruinen von Ayutthaya geht und an einer ruhigen Stelle seine Gedanken schweifen lässt, dem wird vielleicht die Pracht der damaligen »Goldenen Stadt« vor Augen erscheinen: Tempelreste fügen sich zusammen, Gebäude erstehen auf den jetzigen Freiflächen, eine Stadtmauer mit 94 Toren und acht Wassertoren umschließt das Häusermeer der Stadt mit 375 Tempelanlagen und drei Königspalästen, Gerüche schweben über den Märkten, die Dächer glänzen golden, und in den Straßen und Gassen pulsiert das Leben der vielen Bewohner und ihrer ausländischen Gäste. Dies war das Ayutthaya, das einst Engelbert Kaempfer erlebte und bewunderte.

Oben: Der überdimensionale Fußabdruck soll von Gautama Buddha selbst stammen.
Rechts: Das Glockenläuten bringt Glück und lässt Wünsche in Erfüllung gehen.
Nächste Doppelseite: Die Mädchen unternehmen mit ihrer Schule einen Ausflug, um die historischen Tempel in Lopburi zu besichtigen.

Links: Viele Affen treiben sich in der alten Tempelanlage von Lopburi herum.
Rechts: Buddhastatue in Lopburi
Nächste Doppelseite: Bei Loi Krathong, dem Fest zu Ehren der Wassergöttin, werden die Tempel in Sukhothai abends angestrahlt. Das historische Spiel wirkt in dieser Kulisse besonders beeindruckend.

Sukhothai

Die Morgendämmerung thailändischer Geschichte

Das Reich von Sukhothai nimmt in der Geschichte Thailands eine besondere Stellung ein. Es gab dem Land seine eigene, spezifische Identität.

Die Urheimat der Thais liegt im südlichen China. Besonders im 11. und 12. Jahrhundert wanderten thailändische Stämme aufgrund des Drucks der Chinesen und später der Mongolen immer weiter südwärts. Sie folgten den Tälern der Flüsse, wo sie den aus ihrer Heimat mitgebrachten Überschwemmungsreisanbau besser pflegen konnten als in den bergigen Regionen. Während kleine Gruppen bis nach Oberassam gelangten, siedelte sich eine größere Gruppe, »Thai jaj« oder »Shan« genannt, in Oberbirma an. Eine kleinere Gruppe, »Thai lek«, die heute als die eigentlichen Thailänder verstanden werden, fassten im Gebiet des heutigen Nordthailand Fuß.

Hier trafen sie auf die kulturell hoch entwickelten Mon und Khmer. Deren Reiche erstreckten sich über weite Teile Südostasiens, hatten jedoch den Zenit ihrer Macht längst überschritten. So fiel es den Thais leicht, sich zunächst in den Randgebieten niederzulassen und von dort aus immer mehr ins Herz der Staaten einzudringen. Um die Mitte des 13. Jahrhunderts gelang den Thais die Vertreibung der Khmer-Gouverneure aus der Stadt Sukhothai im Norden des Reiches von Angkor. Sie festigten in den folgenden Jahrzehnten ihren Einfluss in Sukhothai und den angrenzenden Regionen, bis sie den gesamten nördlichen Teil der Chao Phraya Ebene kontrollierten. Höhepunkt in den Annalen von Sukhothai war 1279 die Besteigung des Königsthrons durch Ram Khamhaeng, was übersetzt »Rama der Mutige« heißt. Bis zu seinem Tod im Jahr 1298 baute er die Macht Sukhothais aus und übergab seinen Nachfolgern einen geordneten Staat. Ram Khamhaeng hat der Nachwelt unter anderem die erste Steinschrift in thailändischer Sprache hinterlassen. Noch heute besticht dieses Relikt aus dem Jahr 1292 durch seinen Inhalt und gilt als steinernes Zeugnis einer gerechten und unparteiischen Regierungszeit. Der König selbst wird als Schöpfer der thailändischen Schrift verehrt. In die Geschichten und Legenden über Ram Khamhaengs Weisheit und Volksnähe fügt sich ein, dass es im Königspalast eine Glocke gegeben haben soll, die jeder Untertan läuten konnte, wenn er dem König ein Anliegen vortragen wollte.

Unter den Königen von Sukhothai wuchsen die bislang nur lose verbundenen thailändischen Stämme zu einem Staat zusammen. Teile des kulturellen Erbes der Mon und Khmer wurden übernommen und, so wie die Bevölkerung, zu einer neuen Kultur verschmolzen, mit dem aus Sri Lanka übernommenen Theravada-Buddhismus als Staatsreligion.

Hinduistische Khmer-Einflüsse blieben in Sukhothai nach wie vor spürbar, was in verschiedenen Statuen von Hindugöttern zum Ausdruck kam. Ganz spezifisch für die Sukhothai-Periode sind die Darstellungen des schreitenden Buddhas, die noch heute durch ihre Schönheit beeindrucken und stilbildend für eine ganze Epoche wurden. Die Ruinen der Stadt Sukhothai haben noch heute die Ausstrahlung dieser vergangenen Epoche. Sie atmen den Geist Ram Khamhaengs und seiner königlichen Nachfolger, die damals den Grundstein für das heutige Thailand legten.

Die Glanzzeit Sukhothais dauerte nur etwa 100 Jahre, bis in die zweite Hälfte des 14. Jahrhunderts. Eine neue aufstrebende Herrscherdynastie, deren Kernland südlich, zunächst in Suphanburi und später in Ayutthaya lag, gewann an Bedeutung und trat letztlich das Erbe Sukhothais an. Zur Zeit der Gründung Ayutthayas im Jahr 1351 war das einst mächtige Sukhothai nur noch ein Schatten seiner glorreichen Vergangenheit. Schon bald nach dem Tod Ram Khamhaengs hatten sich die Randgebiete des Reiches immer mehr von Sukhothai losgesagt, sodass dieses schließlich auf die Stadt und ein sie umgebendes Kerngebiet beschränkt blieb. Der große König selbst war jedoch nie vergessen. Die Erinnerung an ihn und die Morgendämmerung der thailändischen Geschichte in Sukhothai überdauerte in wachsender Verklärung die Jahrhunderte.

Vorige Doppelseite: Kühe weiden in den Tempelruinen von Sukhothai.
Links: Buddhastatue in Sukhothai

Vorige Doppelseite: Elefantenstupa in Sukhothai
Oben und rechts: Die Waldklöster im Norden Thailands strahlen eine besonders ruhige Atmosphäre aus.

Vorige Doppelseite: Auf einer Wanderung im Khao Yai Nationalpark kann man viele Tiere und gewaltige Bäume bewundern.
Oben und rechts: Ein faszinierendes Naturschauspiel im Khao Yai Nationalpark sind die rund vier Millionen Fledermäuse, die allabendlich beim Sonnenuntergang aus einer Höhle fliegen.

Oben: In Thailand wird sogar Wein angebaut, wie hier im PB Valley.
Rechts: Überall in Thailand gibt es Elefanten. Besonders bekannt dafür ist der Ort Surin.

Nordthailand

Mehr als Elefanten und Bergvölker

Der Norden Thailands ist eine Region mit eigenem Charakter und einer Geschichte weit in die Zeit zurück, bevor thailändische Stämme einwanderten. Im äußersten Norden, wo das Land im sogenannten »Goldenen Dreieck« – früher ein Hauptgebiet des Opiumanbaus – an Birma und Laos grenzt, und China nicht weit entfernt ist, spürt man noch vielerorts den Einfluss der Mon und Khmer. Diese beherrschten das Land, bevor das thailändische Reich von Lan Na mit den Hauptorten Chiang Mai und Chiang Rai im 13. Jahrhundert eine alte wie neue Elemente vereinende Hochkultur schuf.

Viele Touristen verbinden Nordthailand zunächst mit Trekking, mit und ohne Elefanten, oder den farbenfrohen Bergvölkern. Beispielhaft dafür sind die Hmong mit großen schwarzen turbanähnlichen Kopfbedeckungen und einzigartigem Silberschmuck sowie die Akha, Lisu und Karen. Unter letzteren finden sich die Padaung-Frauen mit ihren »Giraffenhälsen« aus messingfarbenen Halsringen. Diese Völkerschaften, deren Siedlungsgebiete sich auch auf die Nachbarländer Birma, Laos, Vietnam und China ausdehnen, prägen sicherlich den äußersten Norden, sind aber nicht das einzig bestimmende Merkmal der Gegend. Sie stehen vielmehr gemeinsam mit den einheimischen Thais, die ihr Selbstbewusstsein aus dem Erbe Lan Nas schöpfen, für die Besonderheit des bergigen Nordens. Dessen Bewohner sind zu Recht stolz auf ihre Gegend, die eine ältere Tradition hat als Bangkok. Der eigene Dialekt wird mit großem Stolz gesprochen.

Die »Rose des Nordens«, wie Chiang Mai auch genannt wird, ist nicht nur Hauptort des Nordens, sondern nach Bangkok mit 148.000 Einwohnern die zweitgrößte Stadt des Landes. 305 Meter über dem Meeresspiegel am Ufer des Maenam Ping liegend und von einer faszinierenden Berglandschaft umgeben, ist das Klima Chiang Mais deutlich kühler als in der thailändischen Hauptstadt. Gerade in der heißen Jahreszeit, wenn die Bewohner der südlicher gelegenen Landesteile und des kargen Nordostens unter der Hitze stöhnen, macht sich dies angenehm bemerkbar.

Die reiche Geschichte Chiang Mais und Lan Nas wird noch an anderer Stelle des Buches skizziert. Neben dem viereckigen, von einem Wassergraben und einer teilweise erhaltenen Stadtmauer umgebenen alten Stadtkern, beschert sie der Stadt eine Vielzahl von Tempeln unterschiedlichster Epochen. Einer der ältesten Tempel ist der von steinernen Löwen bewachte und mit einer geschnitzten Holzfassade versehene Wat Phra Singh, der um 1345 gegründet wurde. Innerhalb der alten Stadtgrenze strahlt der Komplex mit seiner klassischen Lan Na-Architektur eine majestätische Ruhe aus. Unter den verschiedenen Gebäuden des Tempelensembles befinden sich vor allem die Bibliothek und ein besonderes Gebäude, das Viharn Lai Kham, in dem eine Buddhastatue verehrt wird, die angeblich über 1000 Jahre alt sein soll. Letzteres mag nicht ganz stimmen, da sie im Stil der Sukhothai-Periode (13. bis 14. Jahrhundert) gefertigt ist. Das wahre Alter tut jedoch der Verehrung und der kunsthistorischen Bedeutung keinen Abbruch.

Nur wenige hundert Meter südöstlich des Wat Phra Singh erheben sich die Ruinen des mächtigen Wat Chedi Luang, der 82 Meter hoch gewesen sein soll, bis er im Jahr 1545 durch ein verheerendes Erdbeben zerstört wurde. Auch wenn der Chedi nie wieder aufgebaut wurde, ist allein sein Fundament ein imposantes Relikt vergangener Größe Chiang Mais. Alle ungefähr 200 Tempel der Stadt aufzuführen und ihre interessanten Geschichten zu erzählen, würde Bände füllen. Deshalb sei exemplarisch nur der außerhalb der alten Stadtmauern liegende Wat Suan Dok, der »Blumengarten-Tempel«, mit seinen vielen kleinen Chedis erwähnt. In diesem Komplex aus dem 14. Jahrhundert wurde die Asche der Herrscher Chiang Mais zur letzten Ruhe getragen. In unmittelbarer Nähe beheimatet der größte der Chedis mehrere Reliquien Buddhas.

Etwa 15 Kilometer außerhalb des Stadtzentrums, auf dem 1676 Meter hohen Berg Doi Suthep liegt Wat Phra That. Dieses besonders imposante Heiligtum ist Ziel unzähliger einheimischer Pilger und Touristen aus dem In- und Ausland. Die Fahrt zum Doi Suthep führt

Der tägliche Anusorn Nachtmarkt in Chiang Mai

entlang einer mit Reisfeldern bedeckten Ebene, vorbei am riesigen Campus der Chiang Mai Universität, der wichtigsten Hochschule Nordthailands, und am Chiang Mai Zoo. Den Weg zum Heiligtum selbst bilden 300 Stufen, die von einem Treppengeländer aus riesigen schlangenartigen Geschöpfen, »Nagas«, eingerahmt sind. Oben angelangt, entschädigt die Aussicht auf Chiang Mai für den langen Weg. Auf dem Tempelgelände selbst ist der 16 Meter hohe, von vergoldeten Bronzeschirmen umgebene, goldene Chedi, ein oft gewähltes Fotomotiv. Einer Legende nach hatte im Jahr 1371 ein Mönch eine Buddha-Reliquie aus dem fernen Sukhothai nach Lan Na gebracht, wo ein Teil im Tempel Wat Suan Dok untergebracht, der andere Teil auf den Rücken eines Weißen Elefanten gebunden wurde. Das in Thailand als heilig verehrte Tier kam nach dreitägiger Reise auf dem Gelände des heutigen Tempels an, wo es dreimal trompetete, sich niederkniete und dann verendete. Das wurde als Zeichen gedeutet, genau hier den Tempel zu errichten.

Weitere Gebäude, Statuen und Wandgemälde runden das Bild des Phra That Tempelkomplexes ab. Der Besucher hat nie das Gefühl, es würde alles nur den Touristen dienen. Es herrscht vielmehr eine emsige Betriebsamkeit thailändischer Gläubiger, die Opfer bringen, inbrünstig beten und sich die Zukunft vorhersagen lassen.

Von Chiang Mai aus bietet es sich an, Nordthailand in alle Himmelsrichtungen zu erkunden. Auf dem Weg nach Süden befindet sich nach knapp 40 Kilometern das Dorf Pa Sang. Im »Dorf der Sonnenschirme« wird thailändische Seide in allen Facetten bearbeitet. Besonders faszinierend sind die Fächer und Sonnenschirme, die hier gefertigt werden und als hinreißende, typisch nordthailändische Dekoration viele Häuser im In- und Ausland zieren. Auch wenn diese überall auf Märkten in Thailand feilgeboten werden, in Pa Sang kann man die Herstellung beobachten und die schönsten Teile direkt kaufen. Hunderte zum Trocknen in der Sonne aufgestellte, eng aneinandergereihte Sonnenschirme ergeben ein malerisches Bild. Die Schirme selbst werden in Handarbeit aus biegsamen Bambusstäben hergestellt, anschließend mit Seide oder aus der Rinde des Maulbeerbaumes gewonnenem Papier bespannt und meist mit Blumenmotiven bemalt.

Weiter nach Süden fahrend erreicht man schnell die Stadt Lamphun – eine der ältesten Städte des Landes aus der Zeit des vorthailändischen Mon-Reiches. Noch heute künden Teile der ausgedehnten Anlage des Phra That Hariphunchai Tempels von der besonderen Kultur dieses Volkes. Biegt man bei Lamphun auf der großen Hauptstraße links ab, erreicht man nach etwa 70 Kilometern die von Wäldern und Bergen umgebene Stadt Lampang, die im siebten Jahrhundert gegründet, ebenso wie Lamphun ein Zentrum der Mon gewesen war. Sie wurde zunächst von den Khmer, dann von Lan Na, den Birmanen und zuletzt vom Königreich von Bangkok erobert. In Lampang finden sich zahlreiche Zeugnisse dieser wechselvollen Geschichte. Tempel im burmesischen Stil wie der Wat Phra Kaeo Don Tao, der Wat Si Bun Ruang und der Wat Pa Fang sind ebenso darunter wie der im traditionell nordthailändischen Lan Na-Stil erbaute Wat Phrathat Lampang Luang.

Chiang Rai, die alte Residenz König Mengrais von Lan Na liegt als nördlichste Provinzhauptstadt Thailands etwa 75 Kilometer nordöstlich von Chiang Mai. Unter den sieben bekanntesten Tempeln der Stadt befindet sich der Wat Phra Kaeo, in dessen Chedi 1434 nach einem Blitzeinschlag zufällig der berühmte Smaragdbuddha gefunden wurde, eines der größten Heiligtümer Thailands. Diese Statue soll der Legende zufolge von den indischen Göttern Indra und Vishnu erschaffen worden und über Sri Lanka, Java und Angkor nach Thailand gekommen sein. 1784 wurde sie nach einem 200-jährigen Zwischenaufenthalt in Laos nach Bangkok überführt, wo sie nun im gleichnamigen Tempel verehrt wird. Manche Laoten reden noch heute von einer »Entführung«. Von Chiang Rai ist es nur noch ein Katzensprung nach Mae Sai, am nördlichsten Zipfel des Landes. Von Chiang Rai aus nehmen viele Trekkingtouren zu den Bergvölkern ihren Ausgang.

Nordwestlich von Chiang Mai steigen die Berge steil an. Es dauert einige Zeit, bis die Provinz Mae Hong Son erreicht wird. Hier ist die Besiedlung dünn und die Grenze zum Nachbarn Birma spürbar. Mitten im Goldenen Dreieck gelegen, wird in dieser Grenzregion ein schwunghafter, nicht immer legaler Handel mit Birma getrieben.

Der Doi Inthanon ist mit 2.565 Metern Höhe der größte Berg Thailands. Hier weht besonders in den Wintermonaten ein kühler Wind, der den einen oder anderen zu luftig bekleideten Besucher zittern lässt. In den heißen Sommermonaten ist die Abkühlung jedoch sehr angenehm. Im Doi Inthanon Nationalpark laden verschiedene Wasserfälle, wie der Mae Klang, der Mae Ya und der Sriphum auf einen Abstecher ein, um die schöne Landschaft und das imposante Naturschauspiel zu genießen.

Nach dieser Reise durch den Norden Thailands kehren wir wieder zurück zu unserem Ausgangspunkt, nach Chiang Mai. Auf dem Nachtmarkt rund um die Cang Klan Road werden neben kulinarischen Genüssen auch Textilien und kunsthandwerkliche Gegenstände für jeden Geldbeutel feilgeboten. Bei dem geschäftigen Treiben fällt es schwer sich zu entscheiden. Die Auswahl reicht von typisch nordthailändischen schwarz-goldenen Lackarbeiten über gehämmerten, fein ziselierten Silberschmuck bis zu kunstvoll geschnitztem Holz oder Kleidungsstücken aus feinster Seide.

Der Tempel Wat Phra Singh in Chiang Mai
Nächste Doppelseite: Vor dem Tempel Wat Suan Dok stehen viele weiße Stupas.

Eine der schönsten Erfahrungen, die man in dieser altehrwürdigen Metropole machen kann, ist das Songkran-Festival, das thailändische Neujahr: Wohnungen werden geputzt, in den Tempeln Opfergaben dargebracht, Buddhastatuen in Umzügen durch die Stadt gefahren und rituelle Waschungen vorgenommen. In jüngster Zeit hat sich das freudige Fest zu einer feuchten Angelegenheit entwickelt, bei der sich vor allem Jugendliche gegenseitig exzessiv mit Wasser übergießen und ausgelassen feiern. Songkran wird überall im Land überschwänglich zelebriert, hinterlässt jedoch gerade vor der Kulisse der Altstadt Chiang Mais, in seiner gemischt traditionellen wie modernen Variante, einen beschwingten Eindruck von typisch thailändischer Lebensfreude.

Links: Der Tempel Wat Chedi Luang befindet sich in der Altstadt von Chiang Mai.
Oben: Der königliche Tempel Wat Phra Singh in Chiang Mai

Linke Seite: Die bunten Schals sollen vor Geistern schützen. Rechts oben und unten: Der seelenruhig meditierende Mönch im Tempel Wat Phra Singh besteht nicht aus Fleisch und Blut, sondern aus Wachs.

Impressionen vom berühmten Sonntagsmarkt in Chiang Mai

Chiang Mai

Hauptstadt der Millionen Reisfelder

»Lan Na« – »Land der Millionen Reisfelder« wurde das Königreich genannt, dessen Hauptstadt 1296 Chiang Mai, wörtlich »die neue Stadt«, wurde. Die Geschichte dieses Landes und seiner Metropole geht ins 13. Jahrhundert zurück. Thailändische Stämme flohen vor dem chinesischen Druck aus ihrer ursprünglichen Heimat im Süden Chinas und fanden nördlich des Königreichs Sukhothai eine neue Heimat.

Dieses Land war bereits seit vielen Jahrhunderten von den Völkern der Mon und Khmer bewohnt. Über sechs Jahrhunderte bildete die Stadt Hariphunchai, das heutige Lamphun, das politische, wirtschaftliche, religiöse und kulturelle Zentrum eines buddhistischen Mon-Reiches. Von hier aus wurde mit China und den Staaten Südostasiens ein reger Handel getrieben. Von Norden her einsickernd, wurde jedoch das thailändische Bevölkerungselement immer stärker. Unter dem thai-stämmigen charismatischen König Mengrai, der von seinem Vater 1259 verschiedene kleinere Thai-Fürstentümer geerbt hatte, wuchs der Machtbereich der Thais. 1263 gründete dieser Herrscher Chiang Rai, wörtlich übersetzt »Stadt Mengrais«, um sich dann der Eroberung weiterer Ländereien zu widmen. Nach der Eroberung Pagans in Birma 1287 durch die mongolischen Heere Kublai Khans verbündete sich Mengrai zunächst mit dem Thai-Reich von Sukhothai. Durch die so gewonnene Sicherheit seiner südlichen Grenze konnte er sich nun der Eroberung des alten Mon-Reiches widmen, dessen Hauptstadt Hariphunchai um das Jahr 1292 fiel. Wenig später, im Jahr 1296, gründete er Chiang Mai am Fluss Ping als neue Hauptstadt seines Reiches Lan Na. Nur kurze Zeit später sah sich Mengrai einer neuen Bedrohung ausgesetzt: Der Mongolenkaiser Kublai Khan, der viele Reiche mit Krieg und Eroberung überzogen hatte, wollte sich auch Lan Na einverleiben. Der Versuch scheiterte jedoch. So begnügten sich der Kaiser und seine Nachfolger mit Tributen, die aus Lan Na wiederholt an seinen Hof geschickt wurden, wodurch beide Seiten das Gesicht wahren konnten. Bis zur Eroberung Chiang Mais durch die Birmanen konnte sich Lan Na als unabhängiger Staat fast 300 Jahre behaupten.

Im Gegensatz zum Reich von Sukhothai war Lan Na weniger stark thailändisch geprägt. Es hatte vielmehr eine ganz spezifische Thai-, Mon- und Khmer-Elemente vereinende Bevölkerungsstruktur und Kultur. Mengrai hielt in den 51 Jahren seiner Regierungszeit fest die Zügel in der Hand, doch nach seinem Tod glich das Reich eher einer losen Föderation. Im 15. und frühen 16. Jahrhundert, vor allem unter den Königen Tilok (1442–1487) und Muang Kaew (1495–1526), blühte das Land noch einmal auf. Buddhistische Religion, Kunst, Architektur und Philosophie erlebten einen beeindruckenden Höhenflug. Lokaler und internationaler Handel florierten. Erste Europäer kamen ins Land und berichteten in ihrer Heimat vom Wohlstand Lan Nas.

Lan Na war jedoch nach wie vor dem Druck von außen ausgesetzt. Mon und Khmer, Birmanen, Vietnamesen und später das thailändische Reich von Ayutthaya stellten für Lan Na und Chiang Mai eine ständige Bedrohung dar. An den Grenzen zwischen beiden Reichen kam es immer wieder zu Spannungen und verlustreichen Kämpfen, die die Machtbasis der Herrscher Lan Nas empfindlich schwächten. Als einer der Höhepunkte wurde schließlich im frühen 16. Jahrhundert eine Invasionsarmee aus Ayutthaya blutig zurückgeschlagen. Der Streit um die Thronnachfolge in Lan Na tat sein Übriges zur Schwächung des Reiches. Der Stern Chiang Mais und Lan Nas begann zu sinken. Zudem nahm der Druck der Birmanen weiter zu. Im Jahr 1558 kam es zu einer dreitägigen Belagerung, und Lan Na fiel fast kampflos in die Hände der Eroberer. Da die Birmanen ihren unterworfenen Gegnern weiterhin recht große Freiheiten gaben und die gesellschaftliche Struktur bestehen ließen, ging die Kultur Lan Nas nicht unter. Bis in die zweite Hälfte des 18. Jahrhunderts wurde die birmanische Hegemonie im Westen, am Oberlauf des Mekong nicht ernsthaft infrage gestellt. Im anderen Teil des alten Reiches von Lan Na, in der Gegend um Chiang Mai und Lamphun, entwickelte sich ab 1727 mit Zurückdrängung der Birmanen ein unabhängiges Machtzentrum, welches allerdings nicht mehr an die alte Stärke Lan Nas anknüpfen konnte. Das Land war entscheidend geschwächt. Die einstige Macht

der »Neuen Stadt« gehörte der Vergangenheit an. Letztlich gelangten die Stadt und die Reste Lan Nas in blutigen, fast 30 Jahre währenden Kämpfen zwischen Thailand und Birma (1775–1804) in den Einflussbereich Siams, des heutigen Thailands.

In vielen alten Tempeln sowie der immer noch vorhandenen Stadtmauer lässt sich ein Teil der Größe dieser alten Hauptstadt des Königreiches von Lan Na erahnen. Chiang Mai und seine Vergangenheit sind ein wesentlicher Teil thailändischer Geschichte, einer Geschichte, in der Mon, Khmer und andere Völker ihren Platz finden.

Der Tempel Wat Suan Dok

Chiang Mai ist aufgrund seiner Mon-Khmer-Vergangenheit anders als Sukhothai und Ayutthaya, die alten Hauptstädte des Landes. Genau darin liegt der Charme dieser Metropole des Nordens, die noch heute die zweitgrößte Stadt Thailands ist.

Oben: Mittagspause für den Tintenfischverkäufer
Rechts: Das Dorf Bo Sang ist bekannt für seine Schirmproduktion.

Mädchen in der Tracht der Karen, die in den Bergen Nordthailands leben.

Oben: Der Tempel Wat Phra That Doi Suthep liegt oberhalb von Chiang Mai mit einem herrlichen Blick auf die Stadt. Bei der Renovierung turnen die Bauarbeiter in atemberaubender Art und Weise im Bambusgerüst herum.
Nächste Doppelseite: Landschaft bei Mae Hong Son im äußersten Nordwesten des Landes

Die Frauen des Bergvolkes der Padaung pflegen die Tradition der langen Hälse als Schönheitsideal. Mit einem Boot kann man das Dorf von Mae Hong Son aus am besten erreichen.

Oben: Mönche in einem kleinen Tempel bei Pai
Rechts: Bergland im Süden von Chiang Rai

Oben: Der Uhrturm im Herzen Chiang Rais wird abends mit einer vollautomatischen »Lightshow« zum Leben erweckt.
Rechts: Das kleine Städtchen Chiang Rai ist in eine idyllische Landschaft eingebettet.

In der Gegend von Mae Sariang wird Tee angebaut und verarbeitet.

In Thaton werden junge Mönche in einem Seminar weitergebildet. Und wie in allen Schulen der Welt wird in den letzten Reihen Spaß gemacht.

Oben: Wenn man im goldenen Dreieck über die Grenze nach Myanmar geht oder fährt, kommt man zuerst in die Grenzstadt Tachilek.
Rechts: Das seltsame Schauspiel auf einem Lastkraftwagen an der Grenze zwischen Thailand und Myanmar bei Mae Sai ist die Werbung für eine Duschkabine.

SUPER+

Im Herzen Thailands

Isaan – der große Reisspeicher des Landes

In das Isaan, in den Nordosten Thailands, verirren sich nicht allzu viele Reisende. Das liegt vermutlich nicht am Fehlen landschaftlicher Schönheit, sondern eher am Mangel touristischer Infrastruktur, aber auch an der Tatsache, dass das Isaan kaum kulturelle Höhepunkte bietet, sieht man einmal von dem bedeutenden Khmer-Tempel in Phimai ab.

Und doch hält das Isaan vieles bereit, was eine Reise dorthin lohnenswert macht. Der Reiz dieser weitgehend flachen Landschaft liegt in ihrer Ursprünglichkeit. Hier kann man Thailand so erleben, wie es eigentlich ist. Allerdings sollte der Reisende seinen Abstecher in das Isaan sorgsam planen, da es nur einige kleinere Flughäfen gibt und in den Städten wesentlich weniger Taxis oder Sammeltaxis, »Songthaews« genannt, fahren.

Das Isaan ist hauptsächlich von der Landwirtschaft geprägt. Hier wird vor allem Reis angepflanzt. Ein typisches Essen ist der Klebreis, der mit der Hand aufgenommen und in die verschiedenen Currys getunkt wird. Die Arbeit auf den Reisfeldern ist hart. Die Saat, die die Bauern im Wasser des Feldes zuerst ankeimen, wird einzeln mit der Hand unter Wasser in den Boden gesteckt. Meistens kann nur einmal pro Jahr geerntet werden – im November oder Dezember. Die Ernte findet da und dort mit einem Traktor, oft aber mit der Sichel statt. Danach werden die Stoppeln der Reishalme häufig abgebrannt. Es ist ein faszinierendes Schauspiel, wenn in der weiten Landschaft, in der nur da und dort ein Baum aus den Reisfeldern herausragt, hohe Flammen und dunkle Rauchwolken zu sehen sind.

Die Reisbauern, die das Glück haben, dass sie ihr Land bewässern können, ernten zweimal pro Jahr. Trotzdem ist das Einkommen aufgrund der niedrigen Preise für den Reis gering. Viele Bauern haben deshalb ihr Ackerland verpachtet. Die Jungen wandern oft nach Bangkok oder in die Touristenzentren aus, um dort mehr zu verdienen.

Extremer Starkregen hat die Reisfelder im Isaan überflutet.

Und immer wieder kommt es vor, dass in der Regenzeit die gesamte, flache Landschaft überflutet und die Ernte vernichtet wird. Eine Katastrophe für die Reisbauern, deren Ernteausfall die Familien ernsthaft bedroht. Nach dem letzten Hochwasser konnte ich einer Dorfversammlung beiwohnen, bei der entschieden worden ist, wie die wenn auch spärlichen staatlichen Hilfsmittel verwendet werden: Die Dorfgemeinschaft entschied sich für die Anschaffung von Saatgut, das dann verteilt worden ist.

Das Leben ist einfach im Isaan. Gekocht wird im Freien, auf einem kleinen Holzofen, zumeist unter dem an das Haus angrenzenden Reisspeicher, der auf Stützen steht, damit der Reis von Mäusen verschont bleibt. Schon in der Kühle des frühen Morgens verrät der aufsteigende Rauch, dass Reis und Fisch für die Erwachsenen oder Omelett für die Kinder bereitet werden, die bald darauf in Schulkleidung durch die Straßen laufen. Problematisch ist die Wasserversorgung: Es gibt nirgendwo Trinkwasser aus der Wasserleitung. Getrunken wird aus Plastikflaschen. Das Leitungswasser wird aus zumeist kleineren Seen in das Leitungssystem gepumpt. Wenn man sich beim »Duschen« das Wasser über den Kopf schüttet, heißt es »Mund zu«.

Die Tage ziehen dahin – einer wie der andere. Aber die Menschen sind glücklich, feiern gerne und oft und lachen viel. Beispielsweise an Silvester, wenn sich die Leute irgendwo zusammensetzen, um gemeinsam Karaoke zu singen, bei einer Tombola Geschenke tauschen, Reis grillen oder Nachrichten austauschen, während Hunde, Hühner und Katzen kreuz und quer laufen, um vielleicht einen kleinen Bissen zu ergattern. Oder bei einem Tanzwettbewerb, an dem die verschiedenen Dorfgemeinschaften gegeneinander antreten. Man präsentiert sich in bunten Kostümen, grell geschminkt, mit dekorierten Wägen, die an einen deutschen Faschingszug erinnern. Wenn dabei der Lehrer als Frau verkleidet auftritt, stört das niemanden.

Eine besondere Feier ist auch die Weihe eines Mönchs, der für kurze Zeit – und sei es auch nur für zwei Wochen – ins Kloster geht. Das ganze Dorf kommt zusammen, die Mönche des Ortes beten im Haus des Novizen, dessen Haare von allen Mönchen, den Eltern und den Freunden symbolisch abgeschnitten werden. Und danach wird zusammen gegessen, viel gesprochen und gelacht.

Große Fröhlichkeit herrscht natürlich auch bei Hochzeiten, die gerade auf dem Land besonders beeindruckend sind. Der Bräutigam wird ins Haus der Braut geführt und erhält vom Brautvater gute Ratschläge, die dieser ihm ins Ohr flüstert. Nach der Zeremonie im Haus wird, wie könnte es anders sein, bei einem gemeinsamen Essen gefeiert.

Die buddhistische Religion hat einen hohen Stellenwert in der Gesellschaft. An Zeremonien mit den Mönchen, die immer wieder in ein Haus zum Essen eingeladen werden, nehmen viele Dorfbewohner teil. Wenn dann die Gebete gesprochen sind und die Mönche gegessen haben, werden die übriggebliebenen Speisen von allen gemeinsam genossen.

In das Isaan gelangt man am leichtesten mit Bussen oder einem Mietwagen von Bangkok aus. Allerdings ist bei den Selbstfahrern hier größte Vorsicht geboten, nicht nur wegen des Linksverkehrs, sondern vor allem, weil die Verkehrsregeln sehr »freizügig« ausgelegt werden. Ständig kommen einem »geisterfahrende« Mopeds entgegen.

Das erste Reiseziel, das man nicht versäumen sollte, ist wegen seines restaurierten Khmer-Tempels das verschlafene Städtchen Phimai. Der Tempel Prasat Hin Phimai stammt aus der Zeit der Khmer-Herrschaft aus dem elften Jahrhundert n. Chr. Es wird vermutet, dass die Tempelanlage als Vorbild für den Bau des Tempels im kambodschanischen Angkor gedient hat. Immer wieder finden dort am Monatsende religiöse Feierlichkeiten statt, bei denen sich buddhistische mit hinduistischen Riten vermischen und Tänze und musikalische Darbietungen aufgeführt werden.

Wer tiefer ins Herz des Isaan reisen möchte, gelangt in die Stadt Khon Kaen oder nach Roi Et, das von einer riesigen Buddhastatue beschützt wird. Weiter geht es auf dem berühmten Friendship Highway, dem von den Amerikanern während des Vietnamkrieges gebauten Highway 2 über Udon Thani bis nach Nong Khai, dem Tor zu Laos. Genauso träge wie das Fließen des Mekong gestaltet sich auch das Leben in diesem Grenzstädtchen, das ein Musterbeispiel für Entschleunigung darstellt.

Klaus G. Förg

Rechts: Am Abend kehren die Rinder wieder in die Farmen zurück.
Nächste Doppelseite: Die einzelnen Reispflanzen werden zuerst herausgenommen und dann im richtigen Abstand zueinander wieder eingepflanzt.

Oben und rechts: Nach der Reisernte werden die Reisfelder häufig abgebrannt, um Schädlinge zu vernichten.
Nächste Doppelseite: Reisfeld im Herzen des Isaan bei Roi Et

Ohne Reis und Chili geht in Thailand nichts.

Gemeinsames Essen und Feste feiern bestimmen neben der Arbeit den Alltag auf dem Land: Ein Brautvater gibt dem Bräutigam Ratschläge, Neujahrsfest, Essen nach einem Besuch der Mönche in einem Privathaus, bei der Weihe werden dem neuen Mönch die Haare abgeschnitten.

Alle essen zusammen aus den gleichen Tellern und tauschen die Neuigkeiten aus.

Oben: Hahnenkampf gehört zur Tradition der Thailänder, auch wenn er immer mehr auf Ablehnung stößt.
Rechts: Dieser Wasserbüffel wird seinem Namen gerecht: Am wohlsten fühlt er sich im kühlen Nass.

Fischen an den unzähligen Flüssen und Seen ist nicht nur ein Hobby. Es trägt auch zum Lebensunterhalt bei und bereichert den Speisezettel der Reisbauern.

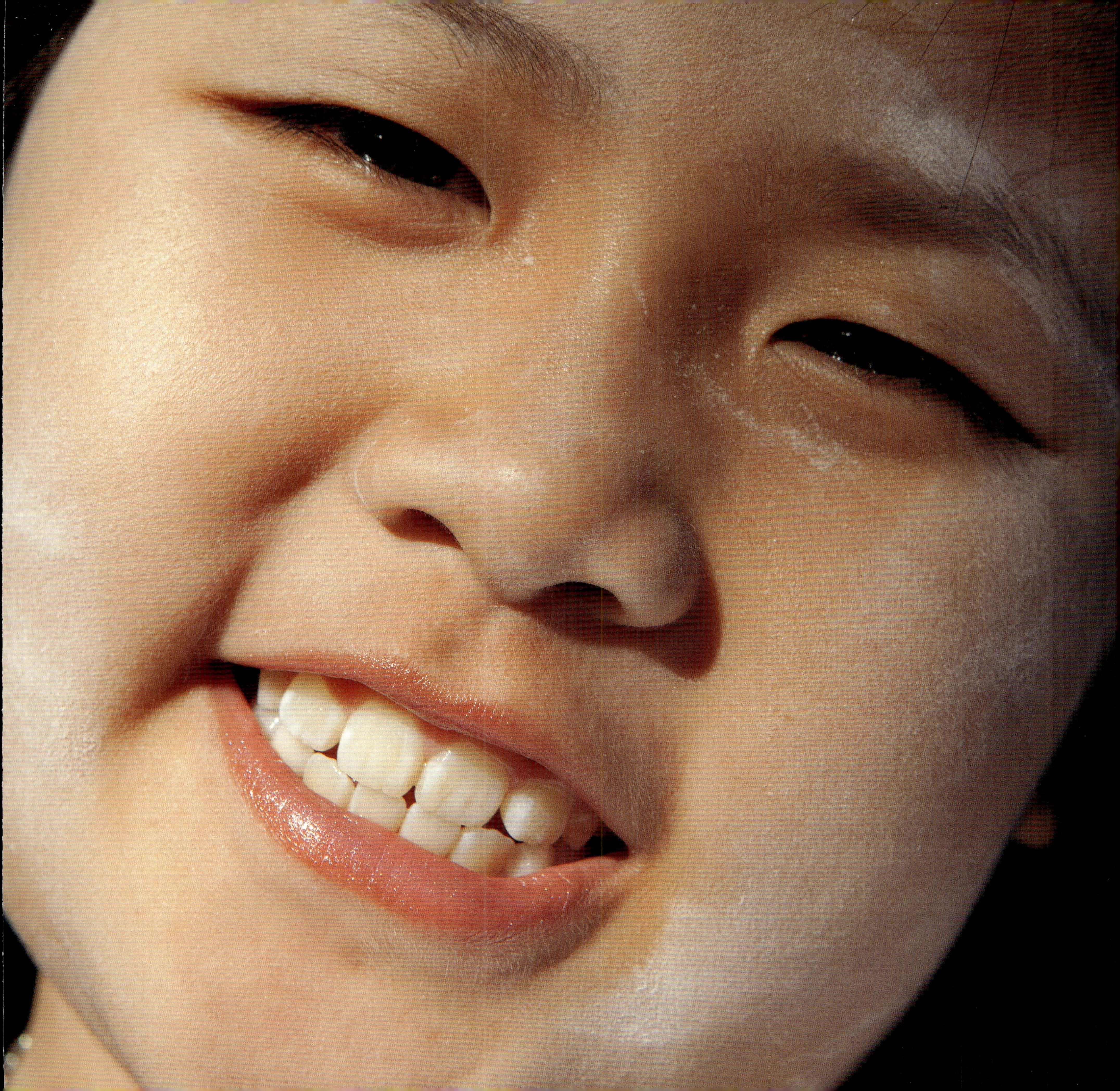

Vorige Doppelseite: Bei den Reisbauern im Isaan trifft man viele fröhliche, zufriedene Menschen.
Links und oben: Bei der Gewinnung der Rohseide werden die Kokons der Seidenraupen gekocht, bevor man die Fäden spinnen kann.

Gemeinsames Essen in der Familie und in den Reisfeldern

Gemeindeversammlung in einem Dorf im Isaan

Einmal im Jahr treten zu Beginn des großen Sportfestes Tanzgruppen gegeneinander an. Auch die Schönheit der Kleidung wird bewertet, nicht nur der Tanz.
Rechts: Ein Lehrer des Dorfes war der Gewinner des Wettbewerbes.

Der älteste Tempel der Kultur der Khmer in Thailand befindet sich in Phimai.

Religiöses Fest in der Tradition der Khmer in Phimai

Der Golf von Thailand

Strandbäder und Natur

Thailand verfügt über eine alte, facettenreiche Kultur und Geschichte. Vom tiefsten Süden über das Menambecken im Zentrum bis nach Chiang Mai im Norden trifft man auf Kulturgüter aus vergangenen Tagen. Thailand hat jedoch noch mehr zu bieten: Wer aus der schwülen Hitze der umtriebigen Metropole Bangkok kommt und möglichst rasch Traumstrände und blaues Meer erleben möchte, braucht nicht lange zu fahren. Die Strandbäder des Golfes von Thailand liegen nicht weit entfernt und sind gut mit Auto, Bus oder teilweise per Bahn zu erreichen.

Einen ersten Eindruck davon, dass Thailand eine lange Küstenlinie hat, vermitteln die nur wenige Kilometer südlich von Bangkok gelegenen Küstenorte Samut Prakan und Samut Sakhon. Beide sind zwar schwerlich als Badeorte zu bezeichnen, doch gibt es direkt am Übergang vom Land zum Meer viele Fischrestaurants, in denen vor allem einheimische Reisende aus Bangkok bei einer sanften Meeresbrise das Essen genießen. Ein Besuch der Märkte bietet getrocknete Tintenfische, gegrillte Krabben, frische Muscheln und andere Leckereien. An der Mündung des Chao Phraya gelegen, war Samut Prakan einst das Tor zum Königreich, das Schiffe auf dem Weg nach Bangkok passieren mussten. Heute gibt es in der Nähe der Ortschaft ein 80 Hektar großes Freilichtmuseum, »Ancient City«, welches den Umriss Thailands hat und auf dem mehr als 110 bedeutende Attraktionen des Landes aus Geschichte und Gegenwart in Modellform zu besichtigen sind. Nicht weit davon lockt eine große Krokodilfarm mit spektakulären Vorführungen Touristen an.

Große Strandbäder finden sich weiter östlich der Chao Phraya Mündung in den Provinzen Chon Buri, Rayong, Chanthaburi und Trat. Die verkehrsmäßig günstige Lage an der Küste hat dafür gesorgt, dass hier neben großen Hochseehäfen ausgedehnte Industriezonen entstanden sind, die Thailand nutzt, um sich wirtschaftlich weiter zu entwickeln. Dennoch gibt es an der Ostküste wunderbare Strände und Badeorte. Einige, wie beispielsweise Bang Saen in Chon Buri, dienen eher dem einheimischen Publikum. Hier kann man erleben, was Thailänder unter einem Strandurlaub verstehen: Man sitzt gemeinsam mit der Großfamilie oder vielen Freunden entweder unter Bäumen oder großen Sonnenschirmen – selbstverständlich immer im Schatten – auf kleinen Stühlen oder Liegestühlen und lässt es sich bei frisch zubereiteten Meeresfrüchten gut gehen. Es stört keinen, dass man dabei in unmittelbarer Nachbarschaft zu anderen Badegästen sitzt. Der schmale Strandstreifen und das nicht immer ganz klare Wasser tun der allgemeinen Freude keinen Abbruch. Wichtig ist, gemeinsam »Sanuk«, Spaß, zu haben. Abends geht es entweder heim ins nahe Bangkok, oder man quartiert sich in den eher einfachen Hotels, Gasthäusern und Bungalows der Umgebung ein. Auf den Zimmern findet der »Sanuk« seine Fortsetzung. Denn die geselligen Thailänder haben nichts dagegen, mit mehreren Familienangehörigen oder Freunden ein Zimmer zu teilen. An Wochenenden oder offiziellen Feiertagen ist es in diesen Badeorten für Einheimische mitunter schwer, noch eine Unterkunft zu finden.

Westliche Touristen denken bei der Ostküste in erster Linie an das große Seebad Pattaya, das ebenfalls in der Provinz Chon Buri liegt. Einst hatte diese Stadt einen eher zweifelhaften Ruf, da hier viele alleinreisende Männer Spaß und Unterhaltung suchten. Noch heute wird der Tourist, der dies sucht, hier fündig. Doch Pattaya bietet weitaus mehr: Große und luxuriöse Hotels laden wohlhabende Reisende zu einem entspannten Strandurlaub ein. Unzählige Restaurants verwöhnen mit einer hervorragenden thailändischen oder internationalen Küche. Vom thailändischen Tom Yam Kung, einer sauer-scharfen Krabbensuppe, über indisches Tandori Chicken bis hin zum Wiener Schnitzel mit Erdinger Weißbier gibt es alles. Shopping Center, traditionell thailändische Massage und Schönheitssalons, alle denkbaren Wassersportarten sowie Abstecher zu tropischen Inseln in der Nähe tragen dazu bei, den Strandurlaub angenehm zu gestalten. Unvergesslich ist sicherlich der Besuch einer der großen Travestie Shows im Alcazar oder im Tiffany's mit den verführerisch gestylten

Palmen, Sonne und Meer – Symbole für ein tropisches Land

Das letzte Sonnenlicht am Strand von Pattaya

Akteuren und einer absolut perfekten Choreographie von weltweitem Renommee.

Im weiteren Verlauf der Ostküste laden unzählige weitere Badeorte zum Entspannen und Genießen der traditionellen thailändischen Gastfreundschaft ein. Die circa sieben Kilometer lange und sehr schmale Insel Ko Samet in der Provinz Rayong war mit ihren feinsandigen Stränden in den 1970er-Jahren ein beliebtes Ziel vieler Hippies. Damals hausten Aussteiger in spartanischen Hütten oder Zelten. Heute gibt es neben einfachen Bungalows auch größere Ferienanlagen. Besonders für Kurzurlauber ist die Insel, die selbst in der Regenzeit von Mai bis Juli recht trocken bleibt, ein ausgesprochen beliebtes Reiseziel.

Weiter östlich, nicht weit von der kambodschanischen Grenze in der Provinz Trat, liegt die Insel Ko Chang, wörtlich übersetzt »Elefanteninsel«. Mit etwa 50 kleineren Nachbarinseln bildet diese Inselgruppe einen maritimen Nationalpark. Das Innere Ko Changs ist nur schwer zugänglich. Die etwa 30 Kilometer lange und 14 Kilometer breite Insel beherbergt einen tropischen Dschungel auf bis zu 700 Meter hohen Bergketten. Hier finden viele Wildtiere ihr Refugium. Imposante Wasserfälle runden das Naturerlebnis ab. An der Küste betören die Lagunen verschiedener palmengesäumter Sandstrände, unter denen der knapp sechs Kilometer lange Strand Klong Prao hervorsticht und zum Sonnenbaden und Relaxen einlädt. Für Taucher üben die Korallenriffe der Umgebung eine faszinierende Anziehungskraft aus.

Zurück auf dem Festland zeigt sich die noch ursprüngliche Schönheit der Natur in einigen Nationalparks, wie dem Khao Chamao, dem Khao Soi Dao oder dem Khao Khitchakut unweit der Grenze zu Kambodscha.

Auch die Westküste des Golfs von Thailand liegt nahe bei Bangkok und ist mindestens genauso vielfältig und einladend. Noch vor der touristischen Erschließung der Ostküste blickten hier einige Badeorte bereits auf eine längere Geschichte zurück. Hua Hin, das im frühen 20. Jahrhundert reichen Thailändern und erholungsuchenden Europäern als Zuflucht diente, ist wohl das bekannteste Strandbad der westlichen Golfküste. Besonders in den letzten 20 Jahren hat sich aus der eher beschaulichen Stadt ein quirliger Ferienort mit ausgedehnten Ferienresorts aller Kategorien, unzähligen Restaurants und allen denkbaren Wassersportmöglichkeiten entwickelt. Der Nachtmarkt mit seinen kulinarischen Genüssen und vielen Verkaufsständen ist ein echter Magnet für Touristen. Darüber hinaus künden der malerische Bahnhof, der luftige Königspalast Klai Kangwon und das traditionsreiche Railway Hotel, heute Hotel Sofitel Centara Grand, vom Ruhm vergangener Zeiten. In der Umgebung der Stadt laden mehrere Golfplätze mit hohem internationalen Standard zu einer Partie ein. Auf der einen Seite der schmalen thailändischen Halbinsel lockt das Meer, auf der anderen steigen die Berge in Richtung der nicht weit entfernten birmanischen Grenze an. Hua Hin, was übersetzt so viel wie »Felsenkopf« heißt, erhielt seinen Namen von dem am südlichen Ende des Strandes liegenden, markanten Felsen. Von den Tempeln auf dessen Spitze erschließt sich ein wunderbarer Blick über Stadt, Strand und Meer, sofern man nicht von den unzähligen Affen gestört wird, die um Bananen und anderes Essen betteln.

Von Hua Hin aus lohnt sich ein Ausflug in den Khao Sam Roi Yot Nationalpark, dem Park der »300 Spitzen«, etwas mehr als 40 Kilometer südlich der Stadt. Buchten mit feinen Sandstränden, verwunschene Höhlen, ausgedehnte Plantagen und malerische, teilweise schroffe und bis zu 600 Meter hohe Hügel kennzeichnen das Bild dieses Parks, der bereits 1966 als erster Nationalpark an der Küste geschaffen wurde.

Nördlich von Hua Hin, entlang eines endlos langen Sandstrandes, finden sich in Richtung des nächsten größeren Badeorts, Cha-am, unzählige Hotels, Pensionen und Ferienwohnungsanlagen.

Auf halben Weg zwischen Hua Hin und Cha-am wurde 1924 der Mrigadayavan Palast errichtet. Er liegt ein wenig versteckt auf einem Militärgelände, ist aber einen Besuch wert. Die aus weiß gestrichenem Teakholz bestehenden, auf 1.080 Pfeiler gestützten 16 Gebäude dienten dem König und seinem Gefolge als Sommerresidenz.

Der Straße nach Bangkok von Cha-am aus folgend, erreicht man in einer eher flachen Gegend die Stadt Phetchaburi. Auf dem markanten Hügel, der sich in einem der Vororte der Stadt erhebt, dem Khao Wang, übersetzt »Palast-Hügel«, befindet sich ein weiterer königlicher Palast, der 1860 erbaute Phra Nakhon Khiri. Die Aussicht von hier über Reisfelder, Häuser, Plantagen und Bäume hinterlässt einen bleibenden Eindruck. Viele ehrwürdige Tempel, die es in und um Phetchaburi gibt, stammen noch aus früheren Jahrhunderten. Die Badestrände nahe dieser Provinzhauptstadt dienen vor allem stressgeplagten Thailändern zur Erholung.

Die Golfküste von Thailand hat sowohl an ihrer Ost- als auch an ihrer Westseite viel an Natur und Badevergnügen zu bieten. Nicht allzu weit von der thailändischen Hauptstadt entfernt, lockt sie Bangkoker, die dem Trubel der Metropole entgehen wollen und Touristen, die nach einer Rundreise im Norden oder einem Bangkok-Trip noch einige Tage entspannen möchten. Die Küsten und Inseln sind immer wieder eine Reise wert.

Das Hotel Sofitel Centara Grand, das ehemalige Railway Hotel im Badeort Hua Hin, versprüht auch heute noch kolonialen Charme.

Oben: Der Bahnhof von Hua Hin erinnert an alte, längst vergangene Zeiten.
Nächste Doppelseite: In den Pier-Restaurants von Hua Hin wird frischer Fisch gereicht. Der eine oder andere Sturm macht den wackeligen Stelzen allerdings manchmal zu schaffen. Das Restaurant auf dem Bild war am nächsten Tag teilweise vom Meer verschlungen worden.

Vorige Doppelseite:
Oben: Bei Pranburi am Rande des Sam Roi Yot Nationalparks herrscht völlige Ruhe am fast menschenleeren Strand.
Links unten: Am Strand von Hua Hin entlang reiten ist vor allem für Kinder ein besonderes Vergnügen.
Rechts unten: Blick von Khao Takiab auf Hua Hin
Oben: Schlafzimmer im Phra Ratchaniwet Maruekhathaiyawan, dem Sommerpalast der Königsfamilie
Rechts: Dieser junge »Freund« blickt etwas skeptisch drein.

Thailands St. Tropez

Hua Hin, das Strandbad der Könige

Im 1922 durch den Direktor der Staatsbahnen, Prinz Puchara, erbauten Railway Hotel von Hua Hin kann man noch heute erkennen, wie mondän dieses quirlige Seebad einmal gewesen ist. Bei seiner Eröffnung am 1. Januar 1923 war das Railway Hotel das modernste und ansprechendste Hotel der Region. In den hohen Räumen, den eleganten Restaurants, dem Spielsalon und den anmutigen Gärten im alten Teil des Hotels, das heute »Hotel Sofitel Centara Grand« heißt, ist noch immer der dekadente Charme der Kolonialzeit präsent. Diese Authentizität bewegte die Macher des Oscarprämierten Filmes »Killing Fields« dazu, das Railway Hotel in der Filmkulisse als Hotel Phnom Penh auferstehen zu lassen und ihm so zu neuer Berühmtheit zu verhelfen.

»Entdeckt« wurde Hua Hin als Strandbad der Könige und Prominenten noch vor dem Ersten Weltkrieg. Im Jahr 1910 hatte Prinz Chakrabongse, einer der Brüder König Vajiravudhs, Rama VI., eine Gruppe von Adeligen zur Jagd entlang der Küste eingeladen und dort Station gemacht. Seitdem ließ Hua Hin die Schönen und Reichen nicht mehr los.

Besondere Bedeutung hatte bei der Erschließung Hua Hins die Eisenbahn, die um 1911 den am Meer liegenden kleinen Ort erreichte und ihm einen eigenen kleinen Bahnhof bescherte. Bereits zwei Jahre zuvor hatte der britische Eisenbahningenieur Henry Gittins als Leiter der staatlichen thailändischen Abteilung für die Südbahn erste Erkundungen vorgenommen und damit den Grundstein für den späteren

Vorige Doppelseite: Der Black Mountain Golf Club im Hinterland von Hua Hin befindet sich in einer idyllischen Landschaft. Links: Königin Sirikit

Tourismus gelegt. Mitglieder der königlichen Familie, reiche Thailänder und in Bangkok weilende Europäer ließen sich in den Folgejahren von der anfangs noch schlichten, dann aber immer großzügiger und luxuriöser werdenden Stimmung des Seebades gerne einfangen. Seit 1924 trug die staatliche Eisenbahnverwaltung selbst dazu bei, Ausländern und Thais den Urlaub in Hua Hin schmackhaft zu machen. Man errichtete weitläufige Golfplätze und große Bungalows. Besonders nach dem Zweiten Weltkrieg wurden die Straßenanbindungen an das nicht allzu weit entfernte Bangkok immer wichtiger.

König Prajadhipok, Rama VII., selbst ließ 1926 einen weitläufigen Palast bauen, den er Wang Klai Kangwon, »Palast fern der Sorgen«, nannte. Architekt war Prinz Itthithepsan Kritakara, der in Frankreich Architektur studiert hatte. Wer den 80 Jahre alten Palast, in dem westliche und thailändische Kultur eine Symbiose eingehen, betritt, taucht in eine längst vergangene Welt ein. Man spürt, wie hier der unglückliche König und sein großes Gefolge bei einer frischen Meeresbrise den Sorgen Bangkoks zu entfliehen versuchten. Am 24. Juni 1932 holten den Monarchen dennoch die Ereignisse der Hauptstadt ein. In Klai Kangwon erreichte ihn die Nachricht von der unblutigen Abschaffung der absoluten Monarchie zugunsten einer konstitutionellen. Auch der derzeitige König Bhumibol, Rama IX., und seine Gattin Sirikit weilten oft hier, als es dem Monarchen gesundheitlich noch besser ging. Gerade in den heißen Monaten bot der Palast seinen Besitzern und Besuchern eine willkommene Stelle der Ruhe und Frische. Unter Bhumibol wurden dem Palast weitere Gebäude hinzugefügt. Wird er nicht von einem Mitglied der königlichen Familie genutzt, stehen seine luftigen Räume und großen Parks Besuchern offen und laden zum Spazieren, Entspannen und Träumen ein.

Das Hua Hin von heute mit seinen Resorts, Restaurants und Bars hat nur noch wenig mit dem verträumten Seebad der Goldenen Zwanzigerjahre gemein. Dennoch ist an einigen wenigen Ecken noch das Gefühl der alten Zeit erlebbar, sei es am Bahnhof, sei es in Wang Klai Kangwon oder in den alten Räumen des Railway Hotels.

Sommerpalast der Königsfamilie

Oben: Tausende von Sonnenschirmen säumen den Strand von Pattaya.
Rechts: Blick über die Bucht von Pattaya

PATTAYA city

Links: Impressionen von der Tiffany's Show in Pattaya, einer der weltbesten Travestie Shows
Rechts: Miss Tiffany: Kaum zu glauben, dass sie eigentlich ein Mann ist.

In der Tiffany's Show wechseln die faszinierenden Bühnenbilder alle paar Minuten. Sogar Tina Turner stürmt die Bühne.

Am Schluss der Show tritt ein Künstler auf, dessen eine Hälfte einen Mann, die andere eine Frau darstellt.

*Vor der Insel Ko Chang liegen
die beiden einsamen Inselchen
Ko Man Nai und Ko Man Nok.*

Der Klong Prao auf der Insel Ko Chang ist wirklich ein paradiesischer Flecken Erde.

Die Insel Ko Chang hat vieles zu bieten: einsame Buchten, ein Fischerdorf auf Stelzen oder einen Wasserfall, der in einen kleinen See stürzt.

Rechts oben und unten: Im Fischerdorf am Klong scheint die Zeit stehengeblieben zu sein.

TOH KOR
Beach Resort

Wie in einem Traum

Südthailands Strände und Inseln

Die Karte Thailands betrachtend, kommen vielen Menschen die Umrisse eines Elefantenkopfes in den Sinn. Der lange Rüssel wird dabei von der Malaiischen Halbinsel gebildet. Auf diesem teilweise nur wenige Dutzend Kilometer breiten Landstreifen im Süden Thailands zeigt sich bis zur malaiischen Grenze ein wunderbares Postkartenidyll mit vielen traumhaften Stränden und Inseln.

An der Ostküste befindet sich Ko Samui, die wohl bekannteste Insel. Mit ausgedehnten weißen Stränden, türkisfarbenem Meer, schattigen Palmenhainen und freundlichen Menschen war sie einst ein Geheimtipp unter Rucksacktouristen. Heute ist die 247 Quadratkilometer große Tropeninsel touristisch gut erschlossen, ohne dabei ihren einstigen Charme eingebüßt zu haben. Es ist allerdings lauter und umtriebiger geworden, und man muss sich auf der Suche nach einem wirklich ruhigen und romantischen Platz schon etwas umschauen. Die einfache Erreichbarkeit der Insel mit Flugzeug oder Fähren hat gewiss dazu beigetragen.

Die sich selbst gerne als »echte Globetrotter« sehenden Backpacker sind inzwischen weitergezogen. Die etwa um ein Drittel kleinere Nachbarinsel Ko Phangnga bot sich früher als Refugium an. Abgesehen von der etwas schwerer zugänglichen Ostküste, wo es noch einige abgelegene Strände gibt, ist auch diese Insel ein Touristenzentrum geworden. Besonders zu den Rave-Klängen der regelmäßigen Full Moon Parties wird die Insel zu einem Mekka »Fun« suchender junger Menschen aus aller Herren Länder. Die größte regelmäßig stattfindende Beach-Party der Welt nimmt unter dem schwülen Tropenhimmel gigantische Ausmaße an. Diese Entwicklung zu kritisieren wäre falsch, da auf Ko Phangnga jeder Reisende das findet, was er finden möchte, beschauliche Ruhe genauso wie ausgelassenen Spaß.

Weniger Trubel findet sich auf der circa 58 Kilometer nördlich von Ko Samui liegenden kleinen Insel Ko Tao, der »Schildkröteninsel«. Ausgedehnte Korallenriffe machen die Insel und deren Umgebung zu einem Paradies für Taucher. Besonders malerisch sind die schneeweißen Sandstrände mit vorgelagerten farbenfrohen Korallenriffen der unmittelbar nordöstlich von Ko Tao gelegenen winzigen Nang Yuan Inseln.

Die paradiesische Insel Ko Phi Phi Le

Ein Kontrasterlebnis an der Ostküste bietet in der Provinz Songkhla die Stadt Hat Yai, tief im Süden Thailands. Verkehrsgünstig an der Eisenbahnlinie zwischen Bangkok und Penang in Malaysia gelegen, hat sie sich in den letzten Jahrzehnten von einer kleineren Ortschaft zu einer großen Stadt entwickelt, die vor allem Touristen aus dem benachbarten Malaysia anzieht. Hier bekommen die Gäste geboten, worauf sie in ihrer Heimat eher verzichten müssen: Neben einem preisgünstigen Einkaufserlebnis gibt es diverse Etablissements, in denen der Vergnügen suchende Malaie das findet, was er begehrt. Schon in Hat Yai ist zu spüren, dass Thailand auch die Heimat vieler Muslime ist, die etwa vier Prozent der Gesamtbevölkerung des Landes stellen. Noch weiter südlich von Hat Yai befinden sich die Provinzen Pattani, Yala und Narathiwat, in denen das muslimische Element die Bevölkerungsmehrheit stellt und die Nachbarschaft zu Malaysia bemerkbar ist. Freundliche Menschen findet man überall, egal ob bei muslimischen oder bei buddhistischen Thailändern.

Die Westküste Thailands an der Andamanensee bietet ebenso wie die Ostküste der Malaiischen Halbinsel unendlich viel an atemberaubender Natur und typisch thailändischer Gastfreundschaft. Die bekannteste Insel ist Phuket, die »Perle des Südens«. Eine gute Flugstunde oder 870 Kilometer südlich von Bangkok gelegen, zieht Phuket jährlich fast fünf Millionen Touristen an. Die 16 Sandstrände dieser mit 543 Quadratmetern größten Insel Thailands haben alle einen unterschiedlichen Charakter und ziehen jeweils andere Arten von Reisenden an. Jeder findet, wonach er sucht: Am fast drei Kilometer langen Patong Beach im Westen mit seinen riesigen Hotels und Bungalowanlagen tobt das Leben. Tauchschulen, Wassersportanlagen, Pubs, Gogo-Bars und Restaurants sorgen für eine quirlige und lebhafte Stimmung. Nur wenig weiter nördlich, um das Fischerdorf Kamala, geht es schon deutlich beschaulicher zu. Und der im Nord-

Die Inselwelt des Ao Nang Marine Nationalparks

westen gelegene etwa 13 Kilometer lange Nai Yang Beach verfügt über eine nur wenig ausgeprägte touristische Infrastruktur und spricht eher Reisende an, die Ruhe suchen. Manche Teile des Strandes sind inzwischen in einen Nationalpark eingegliedert. Hier legen die immer weniger werdenden großen Meeresschildkröten ihre Eier ab. Im Süden der Insel, am Nai Harn Beach mit traumhafter Lagune, Kokoshainen und Felsformationen befindet sich mit dem Jachtclub ein Anlaufpunkt für die Schönen und Reichen der Welt. Anlässlich der Kings Cup Regatta geben sich jährlich Skipper aus aller Herren Länder mit Ihren weißen Booten ein Stelldichein. Der Sonnenuntergang auf der nicht weit entfernt am Südkap der Insel gelegenen Laem Phromthep Landzunge ist wunderbar. Viele weitere Strände runden das farbenfrohe Bild der Insel ab.

Nordöstlich von Phuket schließt sich der Phang Nga Meeres Nationalpark an, der seit 1981 ein etwa 400 Quadratkilometer großes Territorium in der Phangnga Bucht mit etwa 40 Inseln umfasst. Mangrovensümpfe, Passagen durch Höhlen, bizarr geformte Felsen und bewaldete Inseln wechseln sich hier in einem unbeschreiblich schönen Naturschauspiel ab. Der berühmteste Teil des Parks dürfte wohl der »James Bond-Felsen« sein, der im Film »Der Mann mit dem Goldenen Colt« weltweite Berühmtheit erlangte. Ein ebenso beliebtes Ausflugsziel ist das muslimische Fischerdorf auf Ko Panyi, dessen 200 Häuser auf Pfählen stehen und deren Meeresfrüchterestaurants täglich viele Besucher anziehen.

Eine Schiffsreise von Phuket in Richtung Südosten oder vom Küstenort Krabi nach Westen führt direkt zu der Insel Phi Phi Don und der kleineren Schwesterinsel Phi Phi Leh, die einem Südseetraum des französischen Malers Paul Gauguin zu entstammen scheinen. Palmenbewachsene Sandstrände, wilde Felsformationen, sanfte Gestade und bis ans Meer reichende tropische Wälder machen den Urlaub in den zahlreichen Strandresorts zu einem Erlebnis. Auf Phi Phi Leh ist eine der Hauptattraktionen die sogenannte »Wickingerhöhle«, in der es prähistorische Wandmalereien gibt, die entfernt an die Langboote der Nordmänner erinnern. Zusätzlich kann man hier in der entsprechenden Saison die »Ernte« von Schwalbennestern beobachten, die an der Höhlendecke hängen und von Einheimischen in waghalsigen Kletterpartien eingeholt werden. Als Delikatesse enden die Vogelnester später in Kochtöpfen. Die Fahrt zur Höhle mit dem Boot hat einen besonderen Charme. Die Macher des Films »The Beach« mit Leonardo DiCaprio fanden auf Phi Phi Leh den idealen Drehort und ließen ihren Film in der Maya Bucht entstehen. Das ruhige, unerhört türkisblaue Meer, der feine Sandstrand und die Bucht einrahmenden Berge sind seitdem weltweit bekannt.

Der verheerende Tsunami im Dezember 2004 hatte auch Phi Phi erreicht, besonders aber auf dem nördlich von Phuket gelegenen zwölf Kilometer langen Sandstrand von Khao Lak gewütet. Mittlerweile sind die größten Schäden beseitigt und neue Resorts errichtet. Ein Tsunami-Frühwarnsystem sorgt dafür, dass sich die Jahrhundertkatastrophe nicht wiederholt und die Besucher von Khao Lak ihren Urlaub unbeschwert genießen können. Von Khao Lak aus nicht allzu weit entfernt ist der Khao Sok Nationalpark, der mit seinen bizarren, einzeln stehenden, von Vegetation bewachsenen Kalksteinhöhenzügen und schroffen Felsen an die Landschaft der Trockenen Halong Bay in Nordvietnam erinnert. Seine Tropfsteinhöhlen, Wasserfälle, Seen und Stromschnellen sind immer einen Ausflug wert.

Noch sehr unerschlossen, aber gerade für Taucher interessant sind die ungefähr 100 Kilometer nordwestlich von Phuket, mitten in der Andamanensee gelegenen neun kleinen, unbewohnten Similan Inseln. Die Korallenriffe des 1982 entstandenen maritimen Nationalparks beginnen schon knapp unter dem Meeresspiegel und betören Taucher und Schnorchler durch Sichtweiten von mehr als 30 Metern und einer atemberaubenden Flora und Fauna. Die Felsformationen der Inseln selbst sind ebenso imposant und geben der Inselgruppe vulkanischen Ursprungs einen ganz eigenen Charakter.

Noch weiter nördlich, knapp vor der Seegrenze zu Birma und etwa 55 Kilometer vom thailändischen Festland entfernt, wartet die Unterwasserwelt des Surin-Archipels auf Besucher. Die Inselgruppe besteht aus fünf Hauptinseln, von denen die beiden größten nur 200 Meter durch flaches Meer getrennt sind, das bei Ebbe ohne Probleme zu Fuß durchquerbar ist. Die anderen drei Inseln sind kleiner und felsiger. Die Hauptattraktion der Inseln besteht in der noch ursprünglichen Natur, frei von großer touristischer Infrastruktur: sauberes, klares Wasser, faszinierende Pflanzen und Tiere sowie ausgedehnte Korallenriffe. Ein Grund für diese Unberührtheit ist der Umstand, dass die Reise zu den Inseln per Boot zwar einfach, aber doch zeitaufwändig ist. Von der festländischen Ortschaft Khura Buri aus beträgt die Reisezeit etwa vier Stunden.

Die Inseln und Strände Südthailands sind wahrhaft traumhaft. Es lohnt sich, dies alles selbst zu entdecken.

Die Insel Ko Tapu war Kulisse in einem James Bond-Film.
Nächste Doppelseite: Die Westküste der Insel Ko Samui sollte man bei einer Inselumrundung unbedingt erkunden.

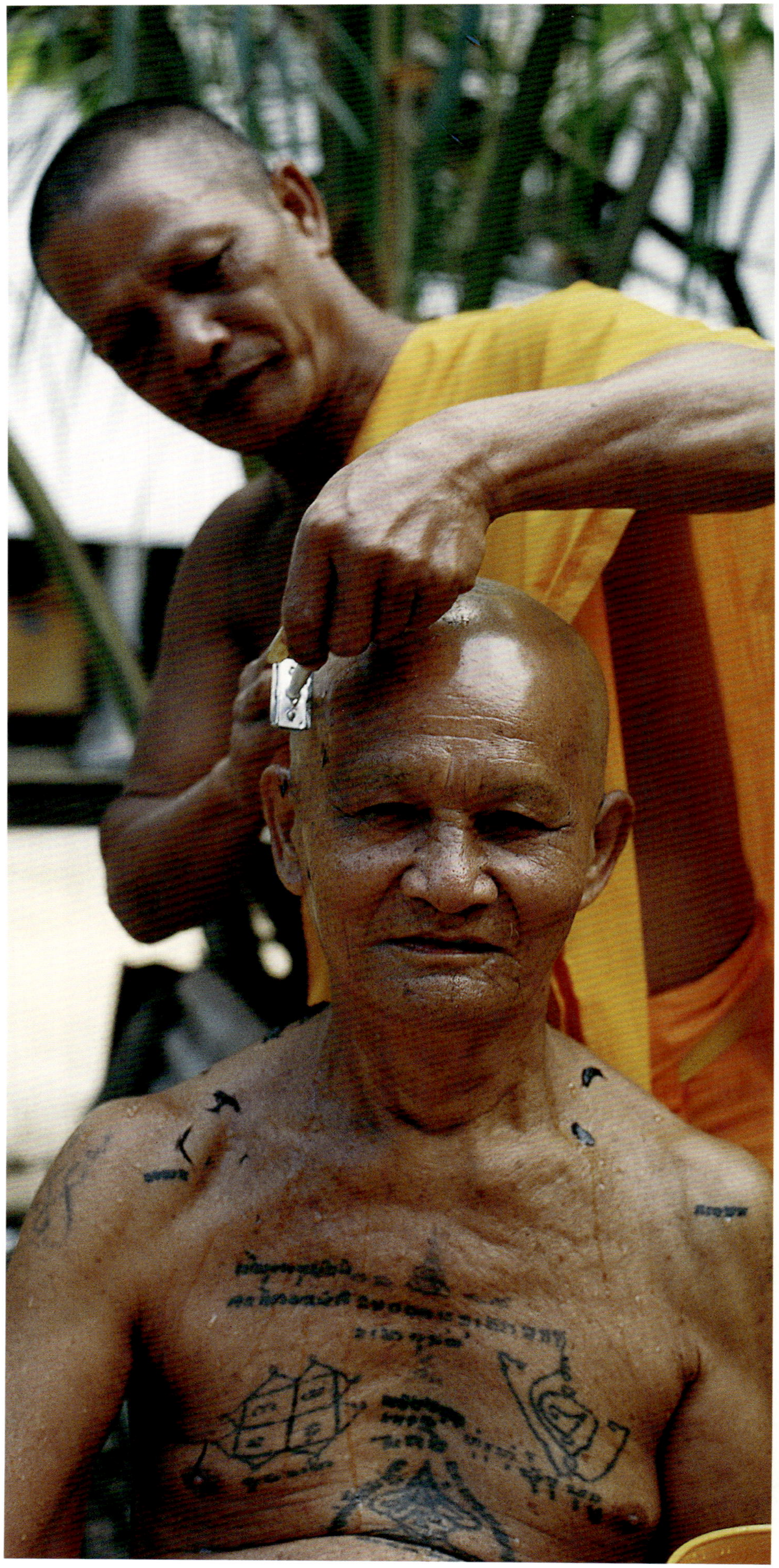

SHARP

Hin Ta und Hin Yai im Süden von Ko Samui bedeuten Großvater- und Großmutterfelsen. Wer hier was ist, kann man leicht erkennen. Der Fischer hat sich daran schon lange gewöhnt.

Seite 180: Die große Buddhastatue im Norden von Ko Samui strahlt weit über die Insel. An ihrem Fuß »menschelt« es: Kinder spielen in einem alten Boot, und Mönche scheren sich gegenseitig die Haare. Seite 181: Bei dieser abendlichen buddhistischen Zeremonie umrunden die Mönche mehrmals den Tempel.

Oben: Blick über die Taucherinsel Ko Tao
Links: An der Westküste von Ko Samui bei Hat Taling Ngam gibt es nur wenige Fremde, dafür aber viel Ruhe.

Oben: Eine Wasserschildkröte ist das Wahrzeichen der Insel Ko Tao.
Rechts: Mit etwas Glück begegnet einem Taucher vor der Insel tatsächlich einer dieser ungefährlichen, sanft dahingleitenden Riesen.

Vor Ko Tao liegt das Inselchen Ko Nang Yuan, ein Paradies für Schnorchler.

Oben: Kaum zu glauben, dass dieser ruhige Strand von Khao Lak vor wenigen Jahren von der Tsunami-Katastrophe heimgesucht wurde.
Rechts: Die Inselwelt im Süden Thailands ist von atemberaubender Schönheit.

Links oben und unten: Wer mit diesen beiden skurrilen Guides auf die Insel Ko Similan fährt, hat mit Sicherheit keinen Mangel an Spaß. Rechts: Die Inselwelt des Ko Similan Nationalparks ist eines der bedeutendsten Taucherreviere der Welt.

Die Unterwasserwelt der Andamanensee ist einzigartig: Fetzengeisterfisch, Mantarochen, Leopardenhai und Seepferdchen. Rechts: Eine Garnele turnt über eine Anemone hinweg.

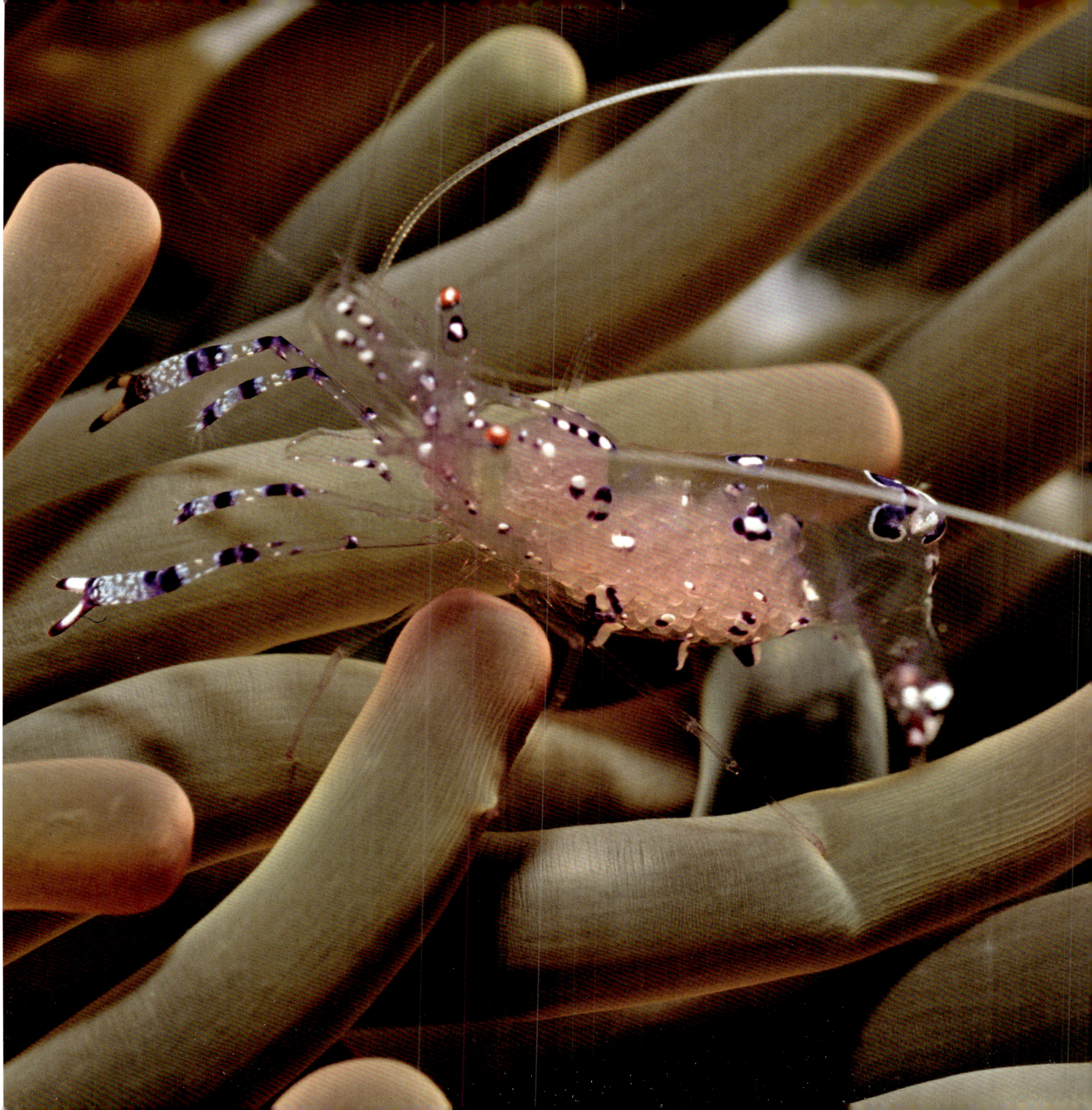

Der Baustil vieler alter Häuser von Phuket-Stadt ist oftmals portugiesisch und chinesisch geprägt. Im Stadtzentrum gibt es darüber hinaus viele chinesische Tempel.

Die Buchten von Kata auf der Insel Phuket im allerletzten Licht des Tages

Von einem Restaurant hat man diesen wunderbaren Blick auf die Bucht von Karon.

Links oben: Das Training der Thaiboxer ist unglaublich anstrengend.
Links unten: Diese Bar in der Bucht von Kata lädt zum Entspannen ein.
Rechts: Die beiden Kleinen im Fischerdorf Rawai im Süden von Phuket dürfen vor dem Schlafengehen noch ein wenig herumtollen.
Nächste Doppelseite: Bei Krabi kann man den Blick über die Inselwelt des Ao Phang Nga Marine Nationalparks schweifen lassen.

Impressionen aus Ko Phi Phi (l.o., r.u.), Phra-Nang-Höhle bei Krabi, Stelzendorf auf der Insel Ko Panyee
Rechts: Ko Hong bedeutet Zimmerinsel. Man fährt tatsächlich durch einen schmalen Eingang in das Innere der Insel.

Nächste Doppelseite:
Die Inseln des Ao Phang Nga
Marine Nationalparks

Die beiden Inseln Ko Phi Phi sind fast zu schön, um wahr zu sein.

Dank

Der Autor bedankt sich bei vielen Personen, die zur Entstehung dieses Buches beigetragen haben:
Deutsch-Thailändische Gesellschaft
Goethe-Institut Bangkok
Prof. Dr. Volker Grabowsky
Siriporn Nathibal und ihre Familie
Honorargeneralkonsulin Barbara Riepl
Siraphat Thongsiri (Khaoyai Nature Life & Tours)
Tiffany's Show

Bildnachweis

Sebastian Bauer: S. 187, 194, 195
Stadtarchiv im Gotischen Haus, Bad Homburg v. d. Höhe: S. 32, 33
Das Bild auf Seite 63 wurde von Andreas Stoffers zur Verfügung gestellt.
Alle anderen Fotos, das Titelfoto sowie die Fotos auf der Buchrückseite stammen von Klaus G. Förg.
Die Bildunterschriften wurden von Klaus G. Förg verfasst.

Impressum

www.rosenheimer.com

Kartenskizze S. 4/5: Sebastian Schrank, München
Typografie, Layout und Satz: Catherine Avak, München
Bildbearbeitung: Photodesign Richard Wöhrl, Rosenheim
Druck und Bindung: FIRMENGRUPPE APPL, aprinta druck, Wemding
Printed in Germany

ISBN 978-3-475-54203-9